EVALUER ET CEDER SON EXPLOITATION

Jean-Jacques SEROUL DE VALS

EVALUER ET CEDER SON EXPLOITATION

Et si vous saviez déjà tout !

Guide à l'attention des Cédants

ISBN - 978-1984126139

1 INTRODUCTION 12

2 PREPARER N – 7 15

   2.1   QUEL PREMIER DIAGNOSTIC FINANCIER ? 15
      2.1.1   Analyse des ratios fondamentaux 15
   2.2   POURQUOI REALISER UN AUDIT DE L'EXPLOITATION ? 17
      2.2.1   Audit Financier... 19
      2.2.2   Audit Fiscal 21
      2.2.3   Audit juridique 23
      2.2.4   Audit Social... 25
      2.2.5   Audit de production 27
   2.3   COMMENT PARFAIRE VOTRE TRESORERIE ? 29
      2.3.1   Limiter le Besoin en Fonds de Roulement 30
      2.3.2   Augmenter le Fonds de Roulement............... 32
      2.3.3   Développer les Cash-Flows 34
      2.3.4   Rémunérer les disponibilités 37
      2.3.5   Astuce. 40
   2.4   QUAND RE APPREHENDER SA POLITIQUE DE DISTRIBUTION ? 40
      2.4.1   Dividendes, Reports à nouveau, Réserves. ... 40
   2.5   QUELS LEVIERS POUR DOPER VOS RENTABILITES ? 45
      2.5.1   Return On Equity (ROE).................................. 46
      2.5.2   Return On Capital Employed (ROCE)............. 46
      2.5.3   La valeur actualisée nette de vos
  investissements.. 47
   2.6   FAUT-IL SORTIR L'IMMOBILIER DU BILAN ?................... 49
      2.6.1   Evaluer vos bâtiments 49
      2.6.2   Cash Out SCI / GFA / GFV, une bonne idée ? 51
   2.7   POURQUOI REFINANCER VOS COMPTES COURANTS
D'ASSOCIES ? 58
      2.7.1   Cash Out. 58
   2.8   QUID DU RISQUE FISCAL ET SOCIAL 60
   2.9   OWNER BY OUT (OBO), UNE OPPORTUNITÉ ?............. 64
      2.9.1   Racheter sa propre exploitation (Cash Out) . 64
   2.10   PRIVATE EQUITY (OPERATION DE HAUT DE BILAN)........ 71

2.10.1 Critères de sélection, atouts de l'opération, différents montages, acteurs du secteur, véhicules financiers. 71

3   CHOISIR N - 2 .... **77**

3.1   COMMENT EVALUER VOTRE EXPLOITATION ? 77
3.1.1 L'approche selon la capacité d'autofinancement 78
3.1.2 La méthode patrimoniale. 79
3.1.3 La valeur selon les multiples. 80
3.2   VOUS CEDEZ A TITRE ONEREUX 82
3.2.1 Céder le fonds de commerce 83
3.2.2 Céder les titres de l'exploitation 87
3.2.3 Plus-Values professionnelles 89
3.2.4 Plus-Values de valeurs mobilières 92
3.2.5 Régimes de Faveurs – Exonérations 93
3.2.5.1   Applicables aux plus-values professionnelles 93
3.2.5.2   Applicables aux plus-values valeurs mobilières   95
3.3   VOUS TRANSMETTEZ A VOS ENFANTS 96
3.3.1 Donation avec avance d'hoirie 96
3.3.2 Donation Partage 97
3.3.3 Droits de mutation 98
3.3.4 Abattements – Pacte d'associés (Dutreil) 99

4   FORMALISER N - 1 .... **107**

4.1   LA LETTRE D'INTENTION 107
4.2   LES DUES DILIGENCES DU REPRENEUR 108
4.3   REDIGER VOTRE PROTOCOLE DE CESSION 109
4.3.1 Modalités et contenu 109
4.3.2 La clause d'Earn Out 111
4.3.3 La GAP 113
4.3.4 La Garantie de la GAP 115

5   CONCLUSION **116**

6   ANNEXES **118**

6.1   VOS 8 RATIOS CLEFS 118

6.2   ACRONYMES UTILISES 119

6.3   REFERENTIEL 121

A Ingrid, Brayan, Alan et Joan,

INTRODUCTION

1 INTRODUCTION

Ce guide pratique a pour objectif de mieux comprendre les étapes d'un projet de cession d'exploitation d'envergure (viticole, agricole ...) à forme sociétale. Les explications simples et synthétiques vous aideront rapidement à définir votre plan de transmission tout en écartant les erreurs les plus fréquentes. Les différents chapitres vous permettent de mesurer la bonne correspondance de votre structure tout en vous indiquant les techniques d'ajustement le cas échéant.

Au terme de l'ouvrage, vous serez en mesure de considérer les grandes dispositions à engager tout en appréciant votre propension à les mettre en œuvre.

Par ailleurs, la succession chronologique des étapes vous permet de conserver le contrôle du processus tout en levant les multiples incertitudes propres à la cession d'exploitation.

L'anticipation est gage de résultats. En ordonnançant précieusement chaque échelon, vous serez disposé à mener de nouveaux challenges tout en parvenant à assurer au mieux votre plan de cession.

Votre réussite passera par le respect d'un certain nombre de règles de bonne gestion pour rendre votre exploitation attractive et performante.

De multiples professionnels rompus à la cession d'exploitation sont engagés sur le terrain. Ils sauront en complément vous apporter expertises et compétences : Centre de gestion, Notaires, Experts fonciers agricole, SAFER, Chambre d'agriculture, CEDAPAS …

Dans les deux prochaines décennies, environ 25 000 agriculteurs devraient cesser leur activité. Quel que soit votre âge, vous disposez d'un temps précieux pour devancer votre départ. Tirez donc parti de cette période idéale pour aborder sereinement toutes les phases préalables. Il s'agira de trouver la configuration optimale que ce soit sur le plan financier, juridique, social ou patrimonial.

N-7 PREPARER

2.1 Quel premier Diagnostic Financier ?

2.1.1 Analyse des ratios fondamentaux

A cette étape, il est courant de prêter une première attention à vos ratios financiers. Si la comptabilité générale affranchit une multitude de fractions disponibles, il revient d'entreprendre une première sélection.

✪ 5 RATIOS FONDAMENTAUX :

Tout d'abord, la solidité de votre exploitation également appelée, ratio d'Autonomie Financière:

> $KP^1 / TB^2 > 25\%$

Un résultat supérieur à 25 % donne l'image d'une structure indépendante financièrement.

Ensuite, vous devez observer l'état d'endettement de votre groupe dit aussi, le Gearing (littéralement, l'Engrenage):

---

[1] KP : Capitaux Propres
[2] TB : Total Bilan

> **MTLT[3] / KP = 1.5 maximum**

L'étendue du résultat ne doit dans l'idéal excéder une fois et demie le montant des capitaux propres.

Il revient par ailleurs de valider la convergence du Gearing à la charge de la dette :

> **ANNUITES[4] / EBITDA[5] = 30 %**

Le Gearing peut être satisfaisant alors que la charge des annuités se voit trop audacieuse eut égard à l'EBITDA.
Il convient ainsi d'approcher les 30 % sur ce type de fraction.

Au travers des deux ratios suivants, vous mesurerez la propension de votre exploitation à contracter des emprunts nouveaux :

> **CAF X 5 = Montant d'Endettement maximum**

> **CAF / 2 = Montant d'Annuités maximum**

---

[3] MTLT : Emprunts Moyen Terme et Long Terme

[4] ANNUITES : Annuités remboursées par l'exploitation

[5] EBITDA : Earnings Before Interest, Taxes, Depreciation, and Amortization ou encore EBE (Excédent Brut d'Exploitation)

☞ En conséquence et au travers de cette approche simplifiée, vous distinguerez les premiers résultats en tension ou au rebours, validerez la bonne santé générale de votre exploitation. Ces éléments livreront de la profondeur aux orientations du Pré Audit de Cession à venir et agiront comme barrières aux investigations inopportunes. Pour donner plus de signification, il vous est possible de benchmarker votre trésorerie actuelle au standard de pilotage à savoir, 28 jours du CA TTC.

(Résultats à rapprocher des moyennes du secteur)

2.2 Pourquoi réaliser un audit de l'exploitation ?

Bien qu'il s'agisse d'un acte facultatif, le pré audit de cession reste le plus sûr moyen d'établir des indications précises sur les forces et faiblesses de votre structure. Si à ce stade l'engagement de ce poste de dépenses peut agacer le collectif d'associés, il assure en revanche une sorte de réassurance des risques futurs liés aux écueils de la cession (Dues Diligences[6] engageantes pour le vendeur > abaissement du prix de cession final > mise en œuvre éventuelle de la Garantie d'Actif Passif à postériori

---

[6] Vérifications qui seront menées par l'acquéreur, le plus souvent entre la lettre d'intention et le protocole de cession.

...). Déléguer prématurément cette analyse à un cabinet spécialisé, c'est bénéficier d'une vision claire des réalisations à mener sur les sept années à venir.

Plusieurs options vous seront en conséquence offertes. Quel que soit votre statut juridique, les cabinets offrent les possibilités de :

- Réaliser tout ou partie d'un audit contractuel aux sens des dispositions générales c'est-à-dire vous assurant un maximum de sécurité et d'informations par une expertise approfondie. Il s'agit d'un audit exhaustif engageant le centre de gestion.

- Mettre en œuvre une revue de structure relevant de l'investigation. Il s'agit d'une prestation intermédiaire mettant en exergue les tendances directionnelles de chaque poste (forces et faiblesses de l'exploitation).

- Créer de la valeur pour le closing[7]. Cette forme administrativement plus légère mais non moins capitale regroupe le business développement, l'analyse de marché, la dynamique commerciale (si vous êtes distributeur), le management

---

[7] Jour de conclusion de la vente.

d'équipe et plus largement, l'étude en stratégie économique si vous êtes viticulteur par exemple. Il s'agit de fournir aux exploitants les conseils de consultants spécialisés. Dans ce cas, ces prestations sont assurées par les cabinets de conseils en stratégie.

☞ Ce Pré Audit de cession contractuel appelle à se prononcer pour les sept années à venir. Il vise les modifications à apporter avec pour objectifs quadruple de :

- ✓ Définir et planifier l'ultime projet de l'exploitation.
- ✓ Sécuriser l'institution et la clientèle jusqu'au closing.
- ✓ Poursuivre le développement.
- ✓ Valoriser le prix de cession final.

2.2.1   Audit Financier

Aux sources de cet audit, une des ambitions principales est de parvenir à un gain financier sur vos engagements.

Le centre de gestion (in)validera :

- Les cautions, nantissements et garanties qui devront être levés lors de la cession.
- Les contrats d'assurances Décès Invalidité couvrant l'ensemble des encours crédits (mesure du risque fiscal, Cf. § 2.8).
- Les clauses de transferts des crédits en cas de cession des titres de la société.
- La teneur du Besoin en Fonds de roulement versus la moyenne du secteur (Délais de rotations des Stocks, Créances Clients, Dettes Fournisseurs) et plus largement de la trésorerie.
- L'état d'optimisation des Cash-Flows eut égard aux variations du BFR.
- Certains aspects règlementaires comme les délais de paiement des fournisseurs.
- Les opportunités des supports de placements (OPC de trésoreries, Dépôts à terme, Livrets…).
- La rémunération et les menaces des comptes courants d'associées (Cf. §2.7).
- Ou encore les termes des contrats d'Affacturages, sessions DAILLY ou autres Escomptes.

- Renégocier vos contrats de prêts.
- Réviser vos frais de comptes.
- Refondre les dettes MTLT.
- Optimiser votre trésorerie.
- Faire un état des comptes courants d'associés.
- Valider les options et coûts de transfert des crédits en cas de cession des titres.
- Syndiquer[8] les dettes de vos prochains grands CAPEX[9].
- Considérer le financement d'une croissance organique voire externe (Capital investissement par exemple).

2.2.2 Audit Fiscal

Dans ce cas, l'objectif n'est pas de garantir un risque fiscal amoindri pour l'acquéreur. Cela étant du ressort des Dues Diligences d'acquisition, toute action menée par anticipation resterait pauvre de sens. Il ne s'agit pas en outre de l'audit fiscal légal qui est

---

[8] Financement partagé d'un même investissement par différents organismes. Permet de mutualiser une dette.

[9] Capital Expenditure : Investissement inscrit en Immobilisation.

gouverné par un corpus de normes de références (par l'entremise des commissaires aux comptes et exigé pour certaines formes de société).

Votre préoccupation majeure est au rebours de parfaire votre fiscalité vers une action décomplexée d'optimisation fiscale.

✪ **7 LEVIERS :**

- L'exploitation optimum des exonérations d'impôts.
- La bonne mise en œuvre du CICE.
- L'optimisation des charges financières
- Le bon usage des crédits et réductions d'impôts (DPA, DPI...).

- La gestion des déficits.
- La révision ou la mise en œuvre d'une convention d'intégration fiscale (régime mère/fille au profit des holding et exploitation)
- Ou simplement la bonne déduction des charges courantes.

```
NE PAS CONFONDRE OPTIMISATION FISCALE
          ET EVASION FISCALE.


☞   Dans le premier cas, le but est d'échapper à
l'impôt par l'emploi de moyens légaux.
Dans le second cas de figure, la différence se
détermine    selon    l'élément    volontaire    du
contournement illicite de la législation fiscale.
```

2.2.3   Audit juridique

Les contrats et engagements :

A cette échéance (N-7), les contrats et engagements
restent l'essentiel du pré audit juridique pour un
cédant.

✪ 5 POINTS CLEFS :

- Les engagements contractés entre vos
  différentes structures (GFA, ETA ...)
  peuvent-ils à terme impacter la cession ?

- Quelles sont les modalités de détention
  des bâtis d'exploitations ? Ont-ils été
  acquis en démembrement de propriété

temporaire[10] ? Dans la positive l'échéance croise-t-elle la date prévisionnelle de cession ?

- Existent-ils des contrats spécifiques avec certains fournisseurs ou clients (en volume, en prix, en garantie de tout ordre...).
- Validation de votre propension à céder les titres (engagement en Private Equity par exemple, pactes d'associés...).
- Couverture et tarification des contrats IARD, Prévoyances, Garanties Associés, Garanties Hommes clefs, Couvertures contre le risque fiscal (Cf. § 2.8), mutuelle obligatoire... (à re négocier ?)

✪ **9 EXAMENS CONNEXES :**

- Vérification des K-Bis et statuts.
- Registres d'assemblées et du Conseil d'administration.
- Comptes rendus des commissaires aux comptes (société d'envergure).

---

[10] Une SCI (détenue par les associés) acquière la nue-propriété, et la société d'exploitation l'usufruit. Ce montage offre à l'exploitation la possibilité de déduire les intérêts d'emprunts. A terme, la SCI recouvre l'intégralité des parts en pleine propriété (la durée du démembrement est bien souvent calquée sur la durée de l'emprunt).

- Rapports des opérations de fusions et des reports d'impositions en cours (plus-values).
- Evaluation du prix d'acquisition des parts pour estimer les plus-values de cession futures.
- Observations émises sur les nantissements, brevets, marques et autres capacités auprès de l'INPI (Brevets au nom de l'Ets ou du dirigeant ? Enregistrés dans quel pays ?...).
- Détails des baux emphytéotiques le cas échéant (Bénéficiaires ? Conditions de dénonciation ? Echéance ? ...).
- Exposé des délégations affranchies (de signatures et de pouvoirs).
- Les recours amiables et/ou contentieux en cours...

Cependant et s'agissant du cédant, il n'est pas opportun d'établir avec trop de précisions ces examens connexes propres aux dues diligences. Si ces conclusions parviennent à améliorer de façon significative les choix du repreneur, elles demeurent réductibles pour le cédant à ce stade précoce de préparation (N-7).

2.2.4 Audit Social

Le pré audit des contrats de travail, conventions collectives ou accords d'entreprise peut aller de la sinécure au sujet épineux selon si votre groupe a graduellement absorbé plusieurs épis structures. Dans les cas les plus complexes, les exploitants font face à un amoncèlement de mutuelles, statuts et autres conventions collectives. Face à cette complexité, il convient de confronter les résultats au seul objectif d'un audit social :

AUGMENTER LA PERFORMANCE DE PRODUCTION

Les enseignements qui en découlent relèvent d'un processus continu d'amélioration en complément du pilotage RH et de la gestion prévisionnelle des effectifs.

- Certains contrats de travail doivent-ils être révisés ? Comportent-ils des clauses engageantes ? (art.39, retraite chapeau …)
- Faire un état des participations et intéressements.
- Optimiser les frais de déplacement et autres avantages en nature.
- Voitures de service versus voitures de fonction.
- Présager des coûts de désengagements (licenciements) potentiels selon l'ultime projet d'exploitation.

- Sécuriser la problématique de la pyramide des âges avec pour exemple un risque important de volume de départs concomitants de « sachants ».
- Réviser les clauses de non-concurrence[11] ou d'exclusivité[12] (Borderline vers les conditions de nullité...).
- Poids de la masse salariale.
- Climat social (CE, CHSCT, Taux d'absentéisme...).
- Gestion des compétences.
- Formation...

2.2.5   Audit de production

La production occupe une place centrale au sein de votre exploitation. Sa valeur est incontestable : les différentes fonctions supports ne répondent à aucune nécessité existentielle si dépourvues de l'activité de production. Il s'agit de manufacturer les produits/offres par l'entremise desquels votre établissement existe à proprement parler. L'enjeu de cette fonction est majeur en ce qu'elle procède à la mise à disposition de l'offre commerciale sur le marché, dans un temps donné, répondant au cahier des charges de développement tout en affranchissant les marges attendues pour garantir

---

[11] Intervient au terme du contrat.

[12] Joue durant l'exécution du contrat de travail.

l'ensemble des coûts de fonctionnement de l'exploitation. Pour atteindre l'objectif, des caractéristiques idoines sont mises en œuvre comme les éléments de pilotage, d'organisation ou encore d'ordonnancement (au sens industriel).

Le bilan du pré audit de production doit être en mesure d'explorer diverses pistes.

✪ **10 RECOMMANDATIONS :**

- L'ordonnancement déployé et la communication aux autres services.
- Le management opérationnel (respect des routines[13], Mode de pilotage, Formation de l'encadrement...)
- Les KPI (Indicateurs Clefs de Performance)
- Le respect des objectifs de production.
- Les moyens mis en œuvre.
- Les aspects réglementaires (Normes Européennes, Hygiène et Sécurité...)
- L'état de vétusté des outils de production.
- La prévision des plans de charge.
- Le taux de rupture de chaque ligne de production (temps d'arrêts des engins...).

---

[13] Réunions journalières de l'encadrement sur l'état de la production (Etat d'esprit des équipes / Pilotage / Organisation / Méthode / Outils de Production / Plans d'Actions ....) ; Format d'usage : ¼ heure.

- La maîtrise de la maintenance de l'outil de production…

2.3   Comment parfaire votre trésorerie ?

L'ambition de toute ferme est à l'évidence d'optimiser sa trésorerie. A ce stade de l'étude rien n'est acquis. C'est une bataille ardue que vous allez devoir mener sur ce poste. Considérons néanmoins qu'un pas important soit fait dans cette direction si tant est que vous mettiez en pratique les préconisations exposées dans ce paragraphe. La trésorerie soulève de multiples questions notamment sur le fait que le rapport de force défavorable à l'exploitation, emmène à traiter le sujet avec la plus grande des prudences. Deux éléments se distinguent par leur priorité dans le cadre de l'attractivité/stabilité de votre exploitation et en conséquence sur votre prix de vente final :

- Les Cash Flows
- Et la Rentabilité

Rappel :

> **FR[14] – BFR = Trésorerie nette**

---

[14] Fonds de roulement.

S'agissant d'indicateurs clefs, vous comprendrez la portée de ce poste.

2.3.1 Limiter le Besoin en Fonds de Roulement

Contracter votre besoin en fonds de roulement permet de bonifier :

- La rentabilité de l'exploitation.
- La trésorerie générale.
- La résistance aux risques.

<u>Rappel :</u>

- **BFR = Stock + Créances clients – Dettes Fournisseurs**
- **Poids du BFR[15] =$(\frac{BFR}{CAHT})$*360**

Pour y parvenir, les solutions sont nombreuses.

✪ **8 ASTUCES :**

- Opérer de l'affacturage[16].
- Recours à une cession DAILLY[17].

---

[15] Nombre de jours nécessaires au financement du BFR.

[16] Vous pouvez alors recevoir de la société d'affacturage la quasi-totalité du montant du décompte. La différence vous est rendue à terme lorsque votre client s'acquitte de la facture auprès de la société d'affacturage.

- Diminuer les stocks par une action coercitive sur la réorganisation de la production via une informatisation ad hoc : Optimisation des réapprovisionnements des intrants et du rythme des cadences (en complément d'une technique d'alerte sur stocks).
- Impliquer les salariés à tous les niveaux de l'exploitation (du commercial viticole au contrôleur de gestion).
- Pour l'export, le crédit vendeur[18].
- Le crédit documentaire[19], autre alternative.
- Négocier au mieux vos délais de paiement fournisseurs.
- Encaisser au plus court vos créances clients.

---

[17] La banque vous affranchit une ligne de crédit sur la créance sur un client, une subvention en attente, un crédit de TVA ou une indemnité en attente de règlement.

[18] Afin de financer les délais, votre banque peut concéder un financement à votre client et lui allouer sans intermédiaire un prêt dans la devise choisie.

[19] Au terme du contrat commercial votre client souscrit un crédit documentaire auprès de sa banque. A réception des marchandises, vous remettrez à votre banque les différents justificatifs de réception des marchandises. C'est votre banque qui recouvrera la facture auprès l'établissement financier du client étranger.

31

2.3.2   Augmenter le Fonds de Roulement

Le fonds de roulement agit comme un socle
élémentaire pour votre exploitation. Il répond au
surplus : des capitaux propres ajoutés aux
financements MTLT, le tout ôté de l'actif immobilisé
(dits ressources stables ou capitaux permanents)
moins les emplois (Actif immobilisé).

<u>Rappel :</u>

- **FR = (KP[20] + Dettes MTLT) - Immobilisations**

Le fonds de roulement vous assure:

- Le financement de vos investissements.

---

[20] Capitaux Propres

- Un joint souple en cas de difficulté temporaire (dégradation brutale des stocks...).
- Le financement intégral ou partiel du BFR.

Pour parfaire la qualité de votre cycle d'exploitation, un travail sur le FR complète ainsi votre dispositif de pré cession.

✪ 5 TECHNIQUES :

- Ouvrir votre capital social (Private Equity[21] ...). Contrepartie : Dilue votre indépendance mais affranchit de multiples opportunités de croissance.
- Elever le montant de vos financements (si l'endettement et la charge de la dette le rendent possible). Contrepartie : Coût, Dépendance.
- Abaisser les dividendes (sujet à accord des actionnaires).
- Gonfler les rentabilités (ratio de ROCE[22] notamment...).
- Encourager le crédit-bail (allègement du bilan, baisse du taux d'endettement, hausse des rentabilités...).

---

[21] Cf. § 2.10
[22] Cf. § 2.5.1

2.3.3 Développer les Cash-Flows

Dans une approche rustique et simplifiée, retenons que le cash-flow[23] résulte de la différence entre les flux entrants et sortants de votre exploitation. De l'argent pénètre dans votre structure, et en sort. Cette différence est nommée le cash-flow, littéralement Flux de Trésorerie. J'amorçais le § 2.3 par cette notion capitale puisque maniée par les organismes de financement pour mesurer la profitabilité et la performance financière.

De nos jours, la plupart des sociétés cotées livrent cette information précieuse à chacun de leurs actionnaires. Il devrait en être de même pour votre futur acquéreur ; par manque de Cash-Flow satisfaisants, pas de contenance ni de croissance de votre cycle d'exploitation. Celui-ci s'établit sommairement[24] par l'addition du résultat net aux

---

[23] Entendu ici comme Cash-Flow d'Exploitation même si celui-ci comporte les frais financiers.

[24] Vous pouvez en outre enrichir son calcul par les provisions sur amortissements ainsi que les plus ou moins-values de cessions d'actifs.

amortissements (= CAF[25]) à laquelle nous ôtons la variation du besoin en fonds de roulement :

Rappel :

> **CF= (Résultat net + Amortissements) - ΔBFR**
> **Ou CF= CAF - ΔBFR**

En conséquence, vos **CF** se doivent d'être positifs au sens où il entre plus d'argent que ce qu'il en sort.

Une analyse à minima annuelle est requise pour apprécier la propension de votre structure à générer du cash.

✪ 9 ETAPES

POUR ATTEINDRE VOTRE OBJECTIF EN COMPLEMENT DES ACTIONS SUR LE BFR :

- Dématérialiser vos factures (seuls 23% des établissements procèdent de la sorte).

---

[25] Calcul simplifié de la Capacité d'Autofinancement: Résultat Net + Amortissements.

- Encourager le paiement par virement au rebours du chèque.
- Analyser et suivre la solvabilité de vos clients (Coopérative, hôtel, restaurants ...).
- Rogner vos fréquences de relances (passer d'une facturation mensuelle à une notification à la quinzaine...).
- Mettre en exergue une ristourne pour tout paiement inférieur à un nombre de jours (à l'inverse une majoration au-delà).
- Optimiser votre service clients (53 % des retards de paiements découlent d'un désaccord).
- Mensualiser un maximum de dépenses (Primes d'assurances... voire les 13e mois par l'entremise d'un financement CT par exemple.).
- Bonifier vos scénarios de relances (moins de 15' pour établir une facture sinon automatisation...).
- Suivre mensuellement votre DSO[26] (Délai moyen de recouvrement des créances).

---

[26] Days Sale Out Standing.

☞ **DSO = Compte débiteurs / CA Journalier**

Plus votre DSO est bas, plus les créances sont recouvrées promptement.

3 astuces pour contenir une hausse de DSO :
- **Augmenter le nombre de clients satisfaits.**
- **Abaisser le volume de créances douteuses et litigeuses (Limiter les clients à risques quitte à déconsidérer un marché).**
- **Réviser les procédures de votre service recouvrement.**

2.3.4 Rémunérer les disponibilités

Dans quelle mesure rémunérer la trésorerie de votre exploitation ?

Vous atteindrez la trésorerie idéale dès l'instant où vous approcherez du point 0. Une trésorerie excédentaire révèle en effet une faiblesse de gestion puisque qu'aussi chétif soit-il et qu'importe le placement, celui-ci vous délivre une rétribution.

CONTEXTE :
- ✓ **ZERO TAUX**
- ✓ **ZERO CROISSANCE**
- ✓ **ZERO INFLATION**

De nombreuses banques centrales ont ramené leur taux directeur à zéro. Faute de résultats probants, quelques-unes d'entre elles ont parfois même déséquilibré les marchés en basculant en zone négative.

Dans ce contexte défavorable à la rémunération de votre trésorerie, il convient - sans grande espérance - de traduire les opportunités résiduelles pour trouver un support liquide, rémunérant et sans risque.

Une trésorerie rémunérée conférera à l'acheteur le sentiment d'une exploitation tenue et pilotée.

Vous trouverez ci-dessous les 3 supports recommandés classifiés par ordre de préférence.

Entre rien et quelque chose...

- **Le compte rémunéré :**

Le compte rémunéré rime avec simplicité. Votre livret professionnel est rémunéré au jour le jour avec le versement d'intérêts périodiques. Aucuns frais d'entrée ni de sortie.

La rémunération est maigrelette mais sa souplesse offre la possibilité de faire un aller-retour chaque jour pour ajuster au mieux une trésorerie acérée.

- **Les DAT[27] ou CAT[28] :**

Les Dépôt ou Compte à Terme sont largement commercialisés en banque retail. Souvent de fois bloqués, ils présentent la plupart du temps un taux progressif allant de 1 à 8 ans.

En revanche, il est toujours possible d'écourter le contrat avec un dégrèvement sur le taux progressif initial. Pas de frais d'entrée ni de sortie, c'est le placement accompli d'une trésorerie excédentaire.

- **Les OPC de trésorerie :**

Viennent enfin les OPC[29] de trésorerie. Il s'agit du support vedette des décennies passées (aujourd'hui suranné). Nonobstant les services rendus, les OPC de trésorerie demeurent à ce jour contreproductifs puisque les parts de certains d'entre eux peuvent atteindre des valorisations négatives.

Cela est sans compter les potentiels frais d'entrée et les inévitables frais de gestion. En l'état actuel de la macro économie, ils ne présentent que peu d'intérêt.

---

[27] Dépôt à Terme.

[28] Compte à Terme.

[29] Organismes de Placements Collectifs (ex OPCVM).

2.3.5 Astuce.

Au-delà de la performance de rémunération recueillie, c'est en outre le moment parfait pour préparer votre sortie. En effet, s'il peut être judicieux de consolider votre structure par une trésorerie suffisamment substantielle pour en assurer sa sauvegarde, il n'en demeure pas moins que la distribution d'une trésorerie excédentaire serait imposée au barème progressif de l'impôt (après réfaction de 40 % propre aux dividendes).

En revanche et en référence à l'article 150.0 du CGI, les fonds présents le jour de la cession bénéficieront des abattements en vigueur, ces derniers jouissant de biens meilleures prérogatives dans certaines configurations (Cf. § 3.2.5).

2.4 Quand ré appréhender sa politique de distribution ?

2.4.1 Dividendes, Reports à nouveau, Réserves.

L'affectation de votre résultat s'avère être un instrument de pilotage performant quant à la consolidation de votre bilan et à l'accroissement de vos ressources. Dans le cadre d'une préparation à la cession, il est d'usage que les apporteurs de capitaux décident d'une distribution ajustée du résultat en veillant à l'échéance de la cession désormais planifiée.

✪ 3 POSSIBILITES :

- Choisir la réserve volontaire[30].
- Opter pour le report à nouveau (négatif ou positif pour une attribution ultérieure).
- Alimenter les comptes courants d'associés.
- Enfin préférer la distribution de dividendes.

Ces préférences d'affectations provoqueront des impacts quant à la détermination du prix de cession définitif. Démonstration :

I. <u>Mettre en réserve volontaire : Cette action salvatrice visera à relever le niveau de vos fonds propres.</u>

✪ 7 AVANTAGES :

- Propension à financer de nouveaux investissements.
- Disposition à renforcer le fonds de roulement.

---

[30] Dans l'hypothèse où les 10 % de réserve légale soient atteints.

- Capacité à faire face aux variances des composantes du Besoin en Fonds de Roulement (Stocks, Créances clients, Dettes Fournisseurs).
- Hausse de la valeur de vos parts ou actions de l'exploitation.
- Relève les fonds propres.
- Maintien du taux d'endettement.
- Qualifie les fonds en biens professionnels : utile à la mise en place d'un pacte Dutreil[31] si transmission aux enfants par exemple.

✪ MENACES :

- Fonds bloqués jusqu'à la nouvelle décision de l'assemblée générale de distribuer ces encours.

- Vigilance : la répartition s'effectue selon les droits de chacun au capital (clef de répartition ne correspondant pas nécessairement au capital détenu).

---

[31] Cf. § 3.3.4.

II.   <u>Consigner en report à nouveau :</u>

✪ 3 ATOUTS :

- Permet d'anticiper un exercice ultérieur moins avantageux.
- Offre la possibilité d'élargir l'actif sans augmenter l'endettement de la structure.
- Cf. atouts des fonds propres.

III.   <u>Affecter en Comptes Courants d'Associés :</u>

☞   La mise en réserve grossit les capitaux propres. Au rebours, la répartition en comptes courants d'associés va entrainer une dette.

<u>Lire à ce sujet le § 2.8.</u>

IV.   <u>L'attribution de dividendes :</u>

✪ 4 AVANTAGES :

- Réfaction fiscale de 40 % versus 10 % sur une rémunération traditionnelle (Frais Professionnels).

43

- N'alourdit pas le montant des charges de la société.
- Permet de récompenser les actionnaires.
- Evince les doubles cotisations du dirigeants si multi structures.

✪ MENACES :

- Ne fournit pas de protection sociale aux dirigeants.
- Charges non déductibles du compte de résultats.

Quelles que soient vos préférences, les choix d'attribution de votre résultat entraîneront pour les sept années à venir des répercussions sur le bilan de votre société et par interdépendance, sur le montant des fonds perçus issus du closing.

Le jeu d'une bonne distribution s'établit en conséquence comme un outil patrimonial judicieux selon :

- Votre souhait de fortifier votre capacité d'autofinancement (Quel est l'état de votre société ?).

- Votre volonté de devancer les éventuels préjudices au travers des comptes de réserves (Quelles sont les projections de Chiffres d'Affaires, les prévisionnels ?).

- L'accentuation attendue des versements individuels d'une partie des bénéfices.

- Votre perspective d'ouvrir votre capital à court terme (Private Equity etc.).

2.5   Quels leviers pour doper vos rentabilités ?

Outrepassée la cession, tout dirigeant possède un point de vue permanent sur les performances de son établissement. Qu'il s'agisse de perpétuer la production, de céder ou de greffer de nouveaux actionnaires, vous avez tout intérêt à pouvoir évaluer la rentabilité de votre structure. Mais ces KPI[32] peuvent endosser plusieurs tournures, selon s'il est considéré la rentabilité financière, d'exploitation ou encore le rendement économique. Pour chaque indicateur, étudier les standards du secteur, puis ajuster (viticulteur, céréalier, éleveur, maraîcher...).

---

[32] Indicateurs Clefs de Performance.

2.5.1   Return On Equity[33] (ROE)

Ce KPI relate la propension de l'exploitation à rétribuer les associés/actionnaires. Il s'agit d'un indicateur fondamental si vous choisissez d'ouvrir votre capital (Business Angel, Fonds d'amorçage, Capital-risque, Capital investissement, Concurrents...).

> **ROE= Résultat net / Capitaux propres.**

Méfiance cependant sur les dérives d'un endettement trop élevé proche de la cession (Action d'accroitre les emprunts tout en abaissant le dénominateur pour augmenter le retour sur investisseurs). S'il peut être judicieux d'explorer ses limites dans le cadre d'un effet de levier[34], il peut en revanche vous conduire de façon expéditive au dépôt de bilan.

2.5.2   Return On Capital Employed (ROCE)

Cet indicateur détermine l'habileté de l'exploitation à affranchir des résultats en exploitant les ressources disponibles. Il décrit la rentabilité économique de votre affaire.

---

[33] Notion anglophone déterminant les apports des actionnaires.

[34] LBO par exemple.

> **ROCE= EBIT[35] / (Actif Immobilisé + BFR)**

L'attrait de cet indice est qu'il mesure la profitabilité des capitaux propres sans apprécier vos financements. Il offre un jalon efficient pour expertiser vos différents services et vous éclairer sur les futurs investissements à réaliser selon les capitaux propres, et l'échéance de la cession.

Si ce ratio reste – à tort – trop souvent répudié, il trouve néanmoins toute sa place dans une idée de création de valeur.

2.5.3   La valeur actualisée nette de vos investissements.

Souvent de fois, la réponse afférente à l'accord d'un financement se matérialise par:

- « POSSIBLE »
- « PAS POSSIBLE »

Si votre Chargé d'Affaires Agricole se restreint à cette étude, c'est qu'il est lui-même engagé dans sa bonne atteinte des objectifs d'encours crédits de la banque.

---

[35] Earnings Before Interest and Taxes = Résultat d'Exploitation.

Nonobstant sa bonne volonté, son assentiment ne vous garantit pour autant pas la justesse de votre investissement. Dit différemment, est-ce un bon ou un mauvais investissement ? A sept ans de l'échéance, cette question doit désormais être saillante pour tout renouvellement ou élargissement d'actifs (tracteur, moissonneuse batteuse, pressoir…).

Voici le calcul de la valeur actualisée nette :

> **VAN= ($\sum_{i=1}^{n} CF \cdot (1 + t)^{n-1}$) – VA + VR**

n : Durée du financement en années

CF : Cash-Flows attendus de ce nouvel achat.

t : Taux d'actualisation estimé.

VA : Valeur d'Acquisition

VR = Valeur Résiduelle de revente au terme du financement.

Pour y répondre, vous devez en amont déterminer :

- La durée de votre financement (en moyenne de 5 à 7 ans).
- Les CF attendus de l'opération.
- Le choix du taux d'actualisation[36].
- La Valeur d'Acquisition.
- La Valeur Résiduelle de revente au terme du financement (VR).

---

[36] Méthode qui permet d'estimer la valeur d'une somme d'argent à une date ultérieure.

S'agissant du taux d'actualisation, plusieurs approches restent praticables. La prise en compte du taux d'inflation, du taux de crédit, ainsi que d'une marge de risque (Interne/Externe) fixe un compromis de qualité.

- Taux d'inflation : 2 % / an
- Taux de crédit exemple : 5 % (Cf. Euribor)
- Taux de risque : 3 %

Démonstration :
- Cash-Flows estimés à 20Ke / An
- Taux d'actualisation de 10%
- Financement sur 5 ans
- Valeur d'acquisition : 200 Ke
- Valeur Résiduelle : 50 Ke

☞ $VAN = (\sum_{i=1}^{5} 20000 \ / \ (1 + 0.1)^5 \ ) - 200\ 000 + 50\ 000 = -87\ 907 €$

Dans cette simulation, le résultat est inférieur à 1, l'investissement est donc invalidé.

2.6 Faut-il sortir l'immobilier du bilan ?

2.6.1 Evaluer vos bâtiments

Votre première opération consiste à apprécier la valeur de vos bâtis ou locaux commerciaux afin :

- De (in)valider l'opportunité de sortie selon les régimes de faveurs (Cf. § 3.2.5).
- D'estimer les frais de plus-value potentielle (imposable à l'IS) et la fiscalité appliquée aux flux sortants en cas de distribution de dividendes exceptionnels aux associés.
- De simuler un financement si acquisition via une SCI.
- D'évaluer les valeurs d'usufruit et nue-propriété en cas de démembrement.
- De calibrer la réduction en capital pour allouer les biens à un ou plusieurs actionnaires (solution simple mais nécessite de disposer de liquidités).

Une abondance de critères seront considérés qu'ils relèvent du bien en lui-même (état des bâtiments/bureaux : neufs, à rafraîchir, à rénover, division possible, changement de destination...), ou d'éléments exogènes comme la géographie ou les commodités (Emplacement, étage, ascenseur, zone passante, quartier commerçant, facilité d'accès, transports en commun...).

Pour plus de justesse, il est utile de vous affranchir de la charge émotionnelle qui vous lie à cette classe d'actif.

Naturellement, vous pourriez faire appel à un professionnel de l'immobilier voire établir un coût de construction actualisé. En dépit des recommandations respectables que vous pourriez obtenir de ces deux premières méthodes, il est recommandé d'établir une estimation combinée à la valeur de rendement.

☞ Il est d'usage d'accepter le taux moyen de 7 % de rendement pour un bien professionnel. Ainsi un loyer de 52 000 euros annuel assigne à votre bien une valeur de 744 000 euros. En mêlant ces 3 notions, vous vous approcherez au plus près du juste prix.

2.6.2 Cash Out SCI / GFA / GFV, une bonne idée ?

La détention d'immobilier professionnel au bilan est usuelle en agriculture. Cette situation jouit de quelques vertus mais indéniablement, de plusieurs écueils.

Quelques privilèges :

- Amortissements dégressifs des biens (mais souvent de fois déjà consommés par le cédant).
- Pas de revenus fonciers au cours de la phase d'emprunt.

- Un régime de faveur. Cf. § 3.2.5. afférent la cession.

Mais par-dessus tout, beaucoup d'importunités :

- Un prix plus élevé de cession (murs encombrants pour un acquéreur potentiel).
- Un abaissement des rentabilités (le taux de rendement d'un immeuble reste en deçà de celui d'une exploitation).
- Des coûts de sortie le cas échéant (+ values taxées à l'IS, IR sur les dividendes...).
- Le non-bénéfice de l'exonération des plus-values immobilières propres à une détention dans le patrimoine privé (au-delà de 22 ans pour l'IR et 30 ans pour les PS)...

Pour ce faire, ils subsistent maintes solutions disparates pour extraire votre foncier de l'actif de l'exploitation en amont de la cession.

- La première technique consiste à céder votre immobilier à une SCI (composées des actionnaires de la société et/ou des descendants). Cette cession d'actif engendre une entrée de cash soumise (pour le montant de plus-value) à l'impôt sur les sociétés. Les actionnaires pourront ensuite tirer parti d'un versement de dividendes exceptionnels imposés selon le régime de droit commun après une réfaction[37] de 40 % (IR et PS). En conséquence, l'exploitation devient locataire de la SCI ce qui autorise le passage en charge des loyers versés. L'équilibre emprunts/apports de la SCI se verra calibré selon l'atteinte d'une fiscalité neutre pour les associés sur toute la durée du financement.

SCI

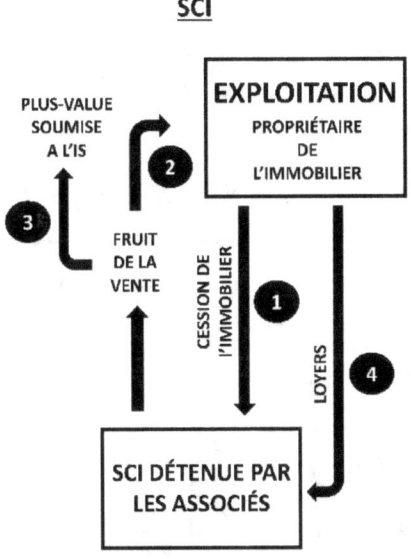

- Une deuxième clef de réponse se trouve dans le démembrement de propriété. Dans ce cas de figure, votre société d'exploitation

---

[37] Abattement.

se réserve l'usufruit temporaire du foncier alors que la SCI recouvre la nue-propriété des locaux.

S'agissant de l'ingénierie, les dividendes perçus serviront d'apports à la SCI pour l'acquisition de la nue-propriété (atout : tout au long du démembrement, pas de revenus = pas de fiscalité). Au terme de l'usufruit temporaire, les associés recueilleront la pleine propriété de l'immobilier au travers de la SCI. Intérêt de la démarche, les plus-values et autres dividendes ne seront taxés que sur le seul montant de la nue-propriété.

SCI - DEMEMBREMENT

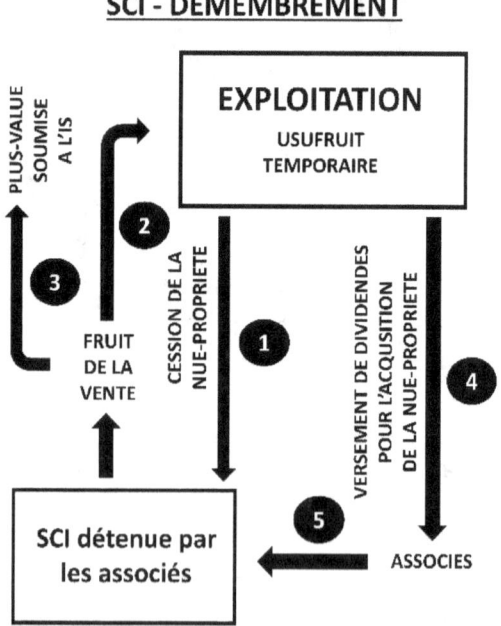

- Une troisième solution réside en la création d'un groupement viticole ou agricole (selon votre situation) au sein duquel vous logerez vos terres, vignes, vergers ou bâtiments. En effet en établissant un bail emphytéotique[38] entre ce groupement et votre société d'exploitation, vous bénéficierez d'un abattement conséquent en cas de donation ou succession.

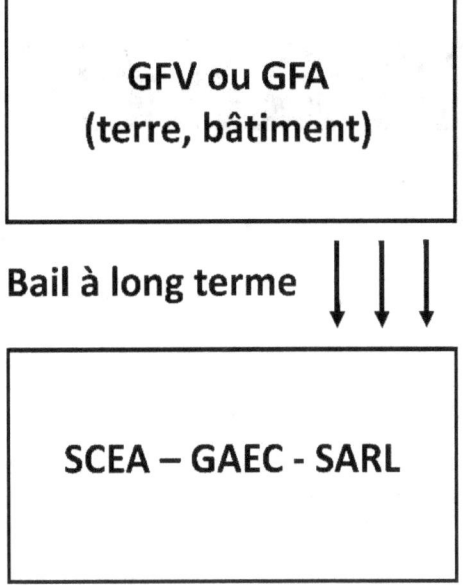

---

[38] Bail à long terme de 18 ans minimum

Le cas de Marc, 62 ans, marié sous le régime de la communauté légale ; valeur des terres et du bâtis : 500 000 euros ; un enfant.

A son décès, son épouse recouvrera 100% de l'usufruit soit 200 000 euros en franchise totale de droit de succession. Quant à son fils, il reçoit la nue-propriété qui s'élève à 300 000 euros imposés selon le schéma ci-dessous :

EXEMPLE GFA / GFV	
Valeur Nue Propriété du fils	300 000,00 €
Abattement de 75% de 101 897 €	76 422,00 €
Au-delà, abattement de 50%	99 051,00 €
Abattement pour succession par enfant	100 000,00 €
BASE TAXABLE	24 527,00 €

Au décès de l'épouse, leur fils recouvre la pleine propriété des terres/bâtis sans autre forme de droit à payer.

En cas de cessation d'activité, vous jouirez en outre d'une exonération totale ou partielle d'ISF selon si vous louez à un membre de la famille ou à un tiers.

- Enfin, la solution la plus aisée consiste à opérer à une réduction en capital. Vous cédez les locaux à un des associés en contrepartie de l'annulation de ses titres. Mécaniquement vous amoindrissez les fonds propres et les réserves. Cette action étant soumise à l'approbation des associés, une assemblée générale extraordinaire sera ordonnée.

Dans cette troisième hypothèse, vous porterez un point de vigilance sur le déclenchement d'une imposition sur la plus-value :

- **pour la société d'exploitation.**
- **pour l'associé bénéficiaire de l'opération.**

Au profit de l'associé, une solution de contournement consiste à anticiper votre succession en procédant à une donation des titres avant cession (aux enfants par exemple). La valeur des titres s'établissant au jour de la donation, aucune plus-value ne sera relevée si revente. En outre, vous bénéficierez des abattements en vigueur pour les donations.

2.7 Pourquoi refinancer vos Comptes Courants d'Associés ?

2.7.1 Cash Out.

Vos comptes courants se rapportent à des lignes identifiées au nom de chaque associé (Compte 45). Ils sont inscrits au sein des livres de comptabilité de votre structure et le montant varie selon si vous avez :

- abandonné temporairement des sommes dues comme votre rémunération de gérant, l'avance de frais divers ou encore un salaire selon votre statut (EARL, SCEA…).

- procédé à des apports personnels afin de consolider un affaissement de la trésorerie ou de financer un investissement par exemple.

Nonobstant la possibilité d'affranchir des intérêts[39] aux associés (Cf. plafond de déduction en vigueur), leur inscription au bilan peut engendrer des

---

[39] Imposés à l'impôt sur les revenus.

déconvenues. Refinancer ses comptes courants revient à souscrire un prêt afin de rembourser tout ou partie des CCA aux associés.

✪ 5 BENEFICES :

- Intérêts d'emprunts déductibles du compte de résultats (Baisse de l'IS).
- Entrée de CASH pour l'(s) associé(s).
- Possibilité de neutraliser la fiscalité des revenus du placement selon le support (Assurances Vie, PEA...). D'ordinaire, ces supports sont pris en garantie pour le financement.
- Supprimer peu ou prou les frais de succession en cas de décès prématuré de l'associé. Les fonds placés au sein d'un contrat d'assurances-vie bénéficient d'exonérations au rebours des parts de sociétés qui intègrent de plein droit l'actif successoral.
- Convertir une dette court terme en dette moyen terme. Important : sauf notification particulière dument spécifiée dans les statuts, les CCA sont exigibles immédiatement. Cet attribut peut terrasser une société en cas de litige/décès d'un actionnaire.

De ne pas délibérer du sort des comptes courants au dernier jour de la cession.

En conclusion, le re financement des CCA[40] reste une solution patrimoniale judicieuse, notamment en amont de la cession.

☞ **Sans anticipation, les CCA seront au jour du closing contraints selon 3 scénarios :**

- **Ils pourront être cédés avec la société puisque formant un tout.**
- **Restitués aux associés si la trésorerie le permet (rarement le cas).**
- **Purement abandonnés avec ou sans remontée en capital social.**

2.8 Quid du risque fiscal et social

L'expression « risque fiscal et social » s'applique à définir l'incidence du remboursement de prêts professionnels en cas de décès prématuré de l'exploitant.

En effet, pour financer leurs investissements, les associés ont fréquemment recours à des créances. En conséquence ils souscrivent des emprunts professionnels couverts par une assurance décès invalidité. En cas de disparition soudaine d'un associé, le contrat d'assurance s'exécute en reversant le capital restant dû à l'organisme de

---

[40] Comptes Courants d'Associés.

financement. Une fois la dette remboursée l'emprunt est gommé du bilan, et la diminution du passif entraine un résultat exceptionnel du même montant au sein du compte de résultats

QUID, IL S'ADDITIONNE AU RESULTAT NET !

Explication, le cas[41] de Stéphane, agriculteur.

Dans l'exemple ci-dessous, nous allons constater un résultat net de 200 000 euros imposables à l'impôt sur le revenu ainsi qu'aux cotisations MSA.

Le résultat net élevé du résultat exceptionnel emmène **un surcroît d'impôt de 57018 €** ainsi qu'un surcoût de cotisations MSA.

Au demeurant, les droits de succession viendront alourdir le décompte.

---

[41] Célibataire en EARL, 1 enfant / PASS : Plafond annuel de sécurité sociale / Calculs effectués selon le barème fiscal 2017.

2017, situation/ /initiale.

Résultat net 2017 : 50 000 euros
Emprunts 2017 en cours : 150 000 euros
Impôt 2017 : 6338.00 euros (TMI 30%)
Charges MSA 2017 : 18 661 euros (40 % jusqu'au PASS 39 228 euros en 2017, environ 27 % au-delà)

31/12/2017, Décès de Stéphane. Situation pour son enfant en 2018:

Résultat net 2017 : 50 000 euros
~~**Emprunts 2017 en cours :** 150 000 euros~~
Résultat Exceptionnel 2017 : 150 000 euros
Impôt 2017 : <u>63 356 euros (TMI 45%)</u>
Charges MSA 2017 : 18 661 euros (40 % jusqu'au PASS 39 228 euros en 2017, environ 27 % au-delà)

Situation pour son fils en 2019:

Résultat net 2018 : 0 euros
Impôt 2018: 0

Charges MSA 2018 : Surcoût de cotisations (N+2) issu du résultat exceptionnel de 2017 (se renseigner auprès de votre centre MSA).

Par voie de conséquence et à quelques encablures du jour de cession, la souscription d'une assurance destinée à couvrir le risque fiscal et social doit retenir toute votre attention.

☞ Il est possible de rédiger un mandat à effet posthume autorisant un ou plusieurs mandataires à gérer la société le temps du transfert effectif aux héritiers (loi du 23/06/2006, réforme droits de succession)

2.9   Owner by Out (OBO), une opportunité ?

2.9.1   Racheter sa propre exploitation (Cash Out)

L'Owner By Out littéralement, vente à vous-même, relève des mêmes mécanismes que le LBO[42] . Il peut s'agir d'une réponse salutaire dans le cadre d'une préparation à la cession pour ce peu qu'elle soit bien ficelée.

L'opération couple en effet le bénéfice de CASH OUT[43] immédiat à une entrée progressive de membres de la famille ou tiers au capital de votre exploitation. Le succès de ce type de montage s'est fortement amplifié au cours de la dernière décennie et se justifie par la volonté d'une cession progressive des exploitants tout en rendant liquide une partie de leurs actifs professionnels. Examinons son fonctionnement.

Cas : un exploitant souhaite recouvrer 40% du capital de son exploitation (cash out) par l'entrée d'un investisseur (apport de 2Me).

Dans la situation initiale, l'exploitant détient 100 % des parts.

---

[42] Leverage By Out.

[43] Flux/Sortie de Cash au profit du dirigeant.

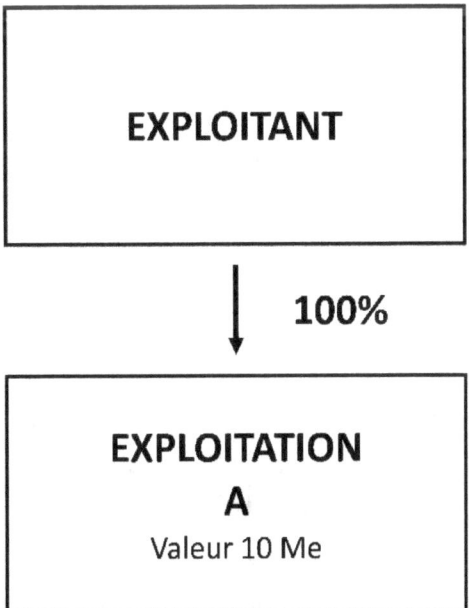

L'**étape 1** consiste à créer une société « mère » dite, société Holding au sein de laquelle le fondateur apporte[44] les parts de la **société A** qu'il souhaite conserver (dans cet exemple 60%). Dans la concomitance, l'investisseur intègre le capital du holding à hauteur de 2 Me.

---

[44] Fiscalement, l'opération est réalisée en sursis d'imposition jusqu'à la cession des titres du holding. La validation de l'apport de titres par un commissaire aux comptes est requise.

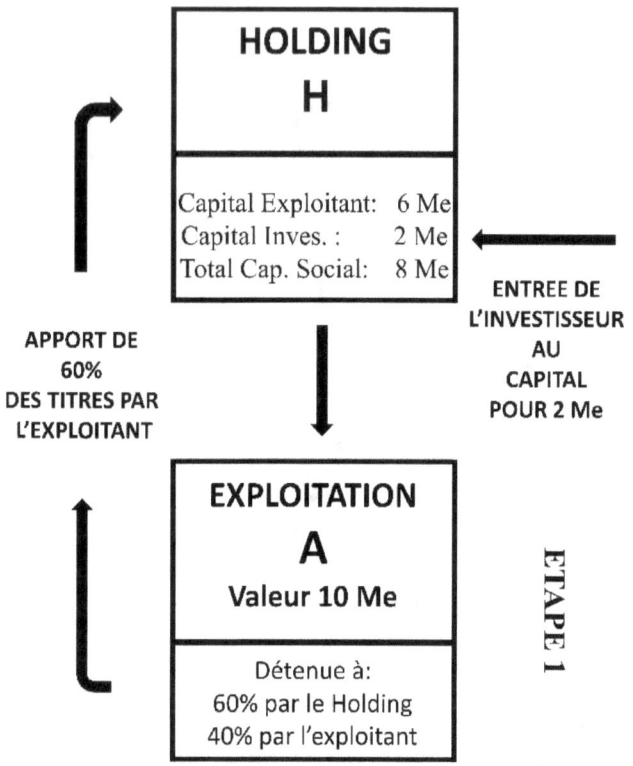

HOLDING

H

Capital Exploitant: 6 Me
Capital Inves. : 2 Me
Total Cap. Social: 8 Me

ENTREE DE
L'INVESTISSEUR
AU
CAPITAL
POUR 2 Me

APPORT DE
60%
DES TITRES PAR
L'EXPLOITANT

EXPLOITATION

A

Valeur 10 Me

Détenue à:
60% par le Holding
40% par l'exploitant

ETAPE 1

L'étape 2 finalise le processus en procédant au rachat par le holding du résiduel de parts de la **société A** détenues en direct par l'exploitant (40%). La banque finance le différentiel de 2 Me.

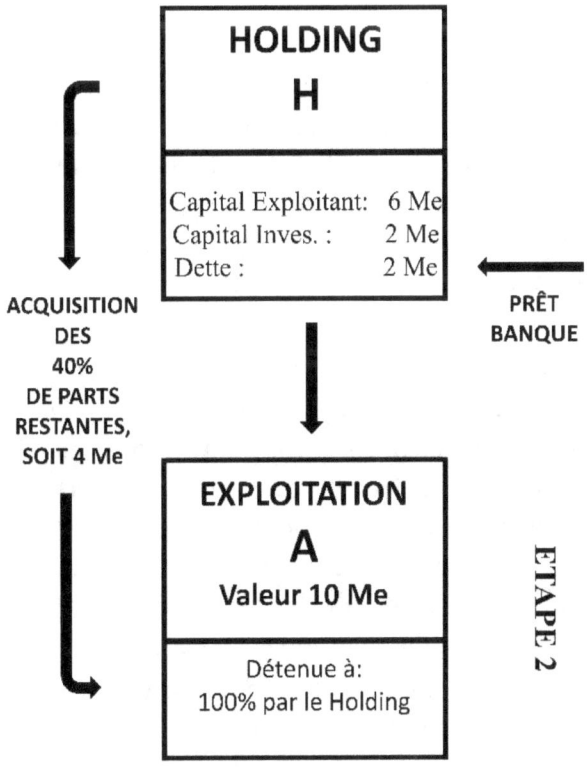

Dans ce modèle, le capital social du holding s'élève à 8 millions d'euros. Il est au final possédé à hauteur de 75% par le fondateur, et 25% par l'investisseur. Dans l'hypothèse où l'investisseur aurait directement investi au capital social de la cible à défaut d'endettement bancaire (exploitation A), il n'aurait été détenteur que de seulement 20 % des parts. Il s'agit là d'une des 3 caractéristiques des LBO nommée « **levier financier** ».

« **Levier Juridique** » : A propos de la gouvernance, l'exploitant continue de détenir 75% des parts tout en s'étant démunis de 40% des actions de la société A. Cet atout est partagé par l'investisseur qui, sans user du levier de l'endettement, n'aurait détenu que seulement 20% des participations.

En revanche, la signature d'une convention d'intégration fiscale[45] entre le holding et la cible censée contrebalancer peu ou prou les frais financiers **(levier fiscal)** résultant de l'endettement du holding ne peut être mise en œuvre dans le déploiement d'un OBO dans le cas où le cédant reste majoritaire. Cela se rapporte au **plan anti-abus** faisant suite à l'amendement « **Charasse**[46] ».

Au sein de ce montage, la remontée de dividendes de la cible vers le holding autorisera le remboursement du prêt d'acquisition. Vous bénéficierez du régime « **mère-fille** » abaissant la

---

[45] La convention d'intégration fiscale offre la latitude de consolider les résultats fiscaux de la société A d'avec le holding. Ce dernier réunit le résultat imposable du groupe à et s'acquitte de l'impôt global : offre l'aubaine de déduire les intérêts d'emprunt du H.

[46] Interdiction de déduction des intérêts du groupe durant 9 ans dans le cadre d'un OBO.

base taxable des dividendes à 5% (soit un taux d'impôt frôlant tout juste les 1.7%).

REGIME MERE - FILLE

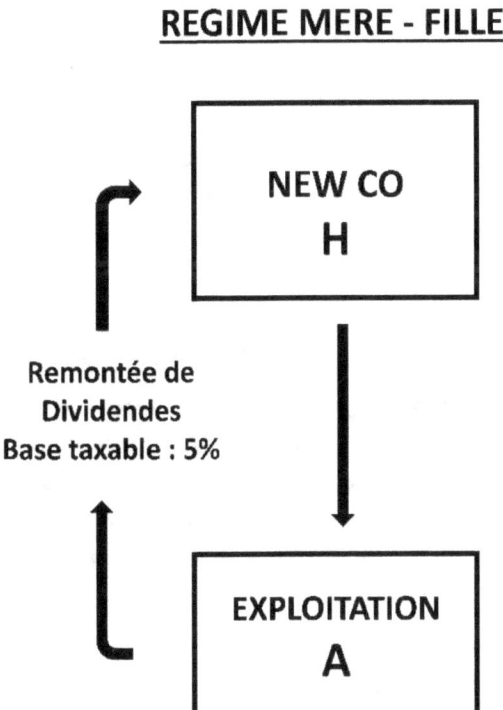

Enfin vous porterez une attention particulière à la **taxe sur les salaires** due par les structures dont le CA assujetti à la TVA est < à 90% : fréquent au sein des holdings qui bien souvent n'émergent que pour les seuls bénéfices présentés ci-dessus. Une solution consiste à définir une activité réelle de prestations de services[47] au profit de la cible (conseil, rh, accompagnement...). La concomitance des deux domaines d'activité (prestations de services[48] et activité financière[49] pour les dividendes) devrait atténuer cet écueil tout en laissant possible la déduction des coûts[50] de constitution du holding.

En conclusion, ces schémas peuvent contracter plusieurs formes comme l'introduction au capital de cadres stratégiques de l'exploitation (LMBO : Leverage Management Buy Out).

Cependant et quelle que soit l'hypothèse retenue, il est inévitable qu'exploitants, cadres, investisseurs ou héritiers partagent une stratégie commune que cela relève du développement commercial, des modalités de production, des choix de croissance (organique, externe) ou encore des orientations marketing/communication.

Il peut s'agir de l'ultime grande étape d'avant la cession, généralement calibrée sur sept années en moyenne avant la sortie définitive du président fondateur.

---

[47] Attention : au-delà d'une marge de 8 à 10% sur les prestations facturées à la cible, l'administration peut requalifier l'opération.

[48] Pour les exploitants.

[49] Pour les salariés.

[50] Ils ne peuvent être soumis à déduction que par les seuls holdings soumis à la TVA.

2.10 Private Equity (Opération de Haut de Bilan)

2.10.1 Critères de sélection, atouts de l'opération, différents montages, acteurs du secteur, véhicules financiers.

Intégré aux « opérations de haut de bilan », le Private Equity reste un vocable générique désignant tantôt la classe d'actif, le véhicule financier ou les fonds levés.

Survolons sommairement cette opportunité sous l'angle du **Capital Transmission**[51] qui livre tout son sens dans une préparation à la cession. Il se peut en effet que la survie même de votre structure admette un fort besoin de croissance voire de redressement sur les sept prochaines années. L'apport en capitaux propres d'un investisseur spécialisé peut ainsi se déterminer comme un levier captivant. En capital transmission, ces fonds soutiennent les cédants dans l'expansion de leurs structures et ce, par-delà le closing. Leurs durées moyennes de 7 à 9 ans s'imbriquent pleinement au temps nécessaire à la bonne préparation d'une cession.

Ces fonds privés cherchent aujourd'hui à se développer sur le bio et en viticulture notamment ; Une manière innovante de créer des synergies nouvelles.

---

[51] Nous ne traiterons pas les business angel, fonds d'amorçage, capital risque, capital investissement, capital restructuration et autre capital retournement.

✪ QUELS SONT LES CRITERES DE SELECTION DES ACTEURS DU PRIVATE EQUITY ?

- Exploitation mature ou en développement.
- Dirigeant en phase de cession (retraite).
- LMBO (Leverage Management Buy Out).

✪ QUELS SONT LEURS ATOUTS ?

- Connaissance des montages et de l'ingénierie financière.
- Recherche de partenaires pour syndication de dettes.
- Expertise en cession viticole, entrée en bourse ou LBO…

- Négociation à la cession.
- Accompagnement sur les prises de positions stratégiques.
- Mise à disposition d'experts (optimisation des leviers fiscaux, juridiques, financiers).
- Aide administrative (rédaction du protocole de cession, audit de structure, pactes d'associés…).

✪ COMMENT INTERVIENNENT-ILS ?

- LBO/OBO/LMBO ou MBI (Manager externe).
- Investissement en fonds propres.

- Obligations Convertibles en actions[52].
- Dette sénior.
- Dette mezzanine...

Montant investi moyen : de 500 Ke à 10 Me.

✪ **QUELS SONT LES ACTEURS SUR LE MARCHE DU CAPITAL TRANSMISSION ?**

- Les banquiers (Naxicap, CM-CIC Capital Finance, BNP Private Equity...).
- Les autonomes (FSI...).
- Les régionaux (MIDI CAPITAL, IRDI, MP CROISSANCE, IXO, GRAND SUD OUEST CAPITAL, MULTICROISSANCE...)...

✪ **POUR QUELS VEHICULES FINANCIERS ?**

- FIP (fonds d'investissements de proximité).
- FCPI (fonds commun de placement dans l'innovation).
- FCPR (fonds commun de placement à risque).

✪ **AVANTAGES**

- Valorisation de votre exploitation à terme.

---

[52]La banque populaire propose une offre commerciale dénommée « Mezzo » gratifiée d'une clause de non conversion.

- Moyennes des progressions des CA > à celles du CAC 40.
- Atouts des opérations de LBO/OBO...
- Accompagnement managérial et stratégique...

✪ POINTS DE VIGILANCES

- Investissements limités dans le temps (de 7 à 9 ans en moyenne).
- Taux de Rendement Interne attendu parfois élevé[53] (sans compter les primes de non conversion[54]).
- Risque de liquidité et de dilution.
- Pas d'amortissement avant remboursement total de la dette sénior (prêt bancaire).
- Entrée au capital en cas de conversion des obligations en actions (Obligations Convertibles).

Votre besoin en fonds complémentaires est-il requis ? Quelle est la nature du financement souhaité ? Souhaitez-vous demeurer majoritaire ? Etes-vous tout simplement prêt à accueillir un partenaire extérieur ?

---

[53] De l'ordre de 5%.

[54] En moyenne 5% en cas de non conversion à terme d'obligations convertibles (quasi-fonds propres) >> dédommagement pour le prêteur.

Quelles que soient les modalités d'apports en capitaux propres, vos questions préalables résideront dans le choix de votre futur partenaire selon vos projets, et/ou vos difficultés.

Ce type de financement est dénommé « dette mezzanine » puisque figurant entre la dette senior et les fonds propres.

N-2 CHOISIR

3.1   Comment évaluer[55] votre exploitation ?

Il s'agit sans doute de la partie recueillant la plus grande charge émotionnelle pour le cédant. En conséquence et s'agissant d'apprécier la véritable valeur de son outil de production, il est souhaitable de solliciter l'assistance d'un cabinet de conseil spécialisé dans votre domaine d'activité. Par l'entremise de la réalisation d'un bilan fonctionnel globalisant, le cabinet émettra quelques recommandations solides desquelles émergeront des comparaisons chiffrées selon les normes couramment utilisées dans les cessions de votre secteur d'activité. Vous veillerez à ce que les nombres d'évaluations soient suffisamment élevés (3 ou 4) pour devenir significatifs.

En conséquence et compte tenu de la fourchette des résultats souvent très étendue selon les méthode/acquéreur (Croissance verticale ou horizontale, LBO, rareté de l'affaire, acheteur externe, famille…), il est requis :

---

[55] L'évaluation d'un fonds de commerce n'est pas présentée au sein de ce volume. Dès lors les approches présentées ci-après ne concernent que les seules acquisitions de parts de sociétés : GAEC, SCEA, EARL…

- D'établir une moyenne acceptable des estimations.
- De pondérer pour chacune des méthodes les trois derniers exercices selon un coefficient variant de 1 à 3, 3 étant multiplicateur de l'exercice le plus récent.

3.1.1 L'approche selon la capacité d'autofinancement

Il s'agit selon nous de l'approche réunissant les paramètres les plus objectifs pour un investisseur repreneur. L'évaluation se détermine non pas sur des critères de jugements patrimoniaux qui peuvent écarter les notions de dynamique, de croissance ou de rentabilité, mais sur :

- La propension réelle de l'exploitation à s'autofinancer (emprunt maximal d'acquisition).
- L'apport du repreneur.
- L'usage d'une trésorerie potentiellement excédentaire.

Il est ainsi possible de livrer un montant révélateur selon la formule suivante :

CAF = Capacité d'Autofinancement normative (Résultat Net + Amortissements).

k= Année de l'exercice ET Coefficient pondérateur (variant de 1 à 3).

$$\succ \left(\frac{\left(\frac{\sum_{k=1}^{3} CAF\ N-k}{2} \right).4-k}{6} \right) \mathbf{D}^{56} + \mathbf{A}^{57} + \mathbf{T}^{58}$$

= Valeur de l'exploitation selon l'approche de la capacité d'autofinancement ; **résultat pondéré selon la CAF des 3 derniers exercices par un coefficient variant de 1 à 3, 3 étant multiplicateur de l'exercice le plus récent.**

3.1.2   La méthode patrimoniale.

Il s'agit de la méthode favorite des cédants en ce qu'elle mesure la véritable valeur de leurs structures comme la somme des éléments constituants l'actif économique net (approche très matérialiste). En ce cas de figure, une attention caractéristique sera portée à la juste valorisation des actifs incorporels. L'analyse se fondera à minima sur :

- Les logiciels
- Les brevets (pasteurisation, embouteillage …)

---

[56] Durée du financement de reprise en nombre d'années : norme= 7 ; hors immobilier.

[57] Apport du repreneur (base 30 % de la valeur globale d'acquisition).

[58] Trésorerie excédentaire éventuellement mobilisable (de votre structure) comme apport pour le repreneur.

- Le R&D (Bio...)
- Le droit au bail (pour les distributeurs...)
- Le fonds de commerce...

A propos du fonds de commerce, il est suggéré de faire usage des barèmes indicatifs. Ils se traduisent couramment par une simple grille de lecture (disponible en ligne ou auprès des services fiscaux ; couramment établie en % du CA).

Pour le reste de l'évaluation, il convient de déprécier ou à l'inverse valoriser : les stocks (qui peuvent subir des décotes pour vétusté), les créances clients, le matériel, l'immobilier...

> **Complétude des actifs – l'intégralité des dettes = Valeur de l'exploitation selon la méthode Patrimoniale.**

3.1.3 La valeur selon les multiples.

L'usage de l'EBITDA permet de valider l'adéquation des 2 premières méthodes tout en offrant un critère complémentaire d'analyse. Cette estimation – qui doit être approfondie ultérieurement – affranchit une valorisation additionnelle prenant pour caractère la rentabilité d'exploitation. En dehors des aspects de rémunération du dirigeant qui devra être ôtée à l'EBE afin de normaliser les charges, le principe réside dans l'usage d'un coefficient multiplicateur (EBE également pondéré sur les 3 derniers exercices conformément aux préconisations).

A l'instar des fonds de commerce, les coefficients émergent souvent de fois de statistiques nationales. Ils devront en conséquence être ajustés aux spécificités de votre structure (localisation, vétusté du matériel, agencement, parking, durée résiduelle du bail, contexte économique, nombre d'acquéreurs potentiels...)

$$\triangleright \quad \left(\frac{(\sum_{k=1}^{3} \text{EBITDA N}-k).4-k}{6} \right). Coefficient$$

N=Année de l'exercice (N-1, N-2, ou N-3)

= Valeur de l'exploitation selon les multiples ; résultat pondéré selon l'EBE des 3 derniers exercices par un coefficient variant de 1 à 3, 3 étant multiplicateur de l'exercice le plus récent.

En synthèse, une abondance[59] de méthodes cohabitent au sein des multiples cabinets d'affaires. Il ne demeure pas de vérité quant à l'usage de telle ou telle technique. Les différentes démarchent n'ont d'autres objectifs que de vous livrer une fourchette

---

[59] Méthode des Goodwill, Evaluation selon le CA, démarche d'analyse de flux...

de valorisations pour préluder votre négociation. Le juste prix trouve sans doute sa place entre l'offre, la demande, la moyenne des cessions du secteur… et le montant que le banquier du repreneur est prêt à financer.

3.2   Vous cédez à titre onéreux

Au préalable, sachez qu'en soumettant votre fonds de commerce à la vente, vous pouvez être frappé par la loi n° 2005-882 du 2 août 2005 (enrichie des lois des 22.03.08, 22.03.12 et 18.06.14) en faveur des petites et moyennes exploitations dite « **loi Dutreil** ». Ce droit de préemption au profit de votre municipalité (nommé également droit de préférence), induit d'ordinaire une volonté de sauvegarde rassemblant les périmètres des terrains nus, de l'artisanat ou des commerces. A cet effet, une déclaration en mairie vous incombe dans le cas où vous êtes situé en secteur sauvegardé.

Ce droit est élargi aux intercommunalités…

Lors de la cession et d'un commun accord, le repreneur peut user :

- D'un apport fragmentaire d'actif(s).
- D'une fusion-absorption.
- Du rachat de votre seul fonds de commerce (pour les distributeurs).
- De l'acquisition des titres de votre société.

- D'une entrée via augmentation de capital.

Selon l'option retenue, les montages et conséquences fiscales, juridiques ou sociales différeront.

3.2.1   Céder le fonds de commerce

Acquérir votre fonds de commerce, c'est négocier ce qu'il possède (ce qui lui est utile pour fonctionner).

Acquérir vos titres diverge en ce que le repreneur se positionne sur votre société, et sur ses dettes.

Que comprend votre fonds de commerce ?

- **les créances de l'exploitation**
- **ses dettes**
- **le stock**
- **votre trésorerie**

Que ne comprend pas votre fonds de commerce ?

- votre clientèle
- vos brevets, franchise, licences, logiciels…
- votre nom commercial
- le droit au bail
- les matériel, véhicules, agencement…

Communément, il renferme de même les contrats de travail, leasing et autres contrats d'assurances.

Vous pouvez choisir de ne pas céder certains des éléments précités fréquemment compris dans les ventes de fonds **à l'exception de votre clientèle** (sans clientèle, pas de fonds de commerce).

Une fois votre choix effectué, le cheminement de la vente endossera successivement :

- La rédaction d'une lettre d'intention à la main du repreneur (Cf. § 4.1).
- Les dues diligences de votre repreneur.
- L'élaboration d'un protocole de cession (Cf. § 4.3).

CESSION D'UN FONDS DE COMMERCE

✪ **PREREQUIS**

- Impose une mise en liste précise des éléments cédés pour le cessionnaire,
- Contraint les parties à définir précisément ce qu'il advient des opérations en cours.

✪ AUBAINE POUR LE REPRENEUR

- Evince tout écueil afférent à votre gestion,
- Part sur une entité naissante (nouveau numéro siren, « reset » des données administratives et fiscales).

✪ DIFFICULTES POUR L'ACQUEREUR

- Reprise[60] inévitable des salariés,
- Nécessité de souscrire un prêt court terme TVA pour le financement du stock...

Note : Il est coutumier que le fonds de commerce intègre une clause de solidarité au profit du bailleur. En ce cas, vous subsistez garant[61] du paiement des loyers dans l'hypothèse de défaillance de l'acquéreur (restreint à 3 ans et limité aux baux > 20 juin 2014). Dans cette supposition, le bailleur se montre

---

[60] Art. L1234-7 à 12 du code du travail.

[61] Loi Pinel N°2014-626 du 18/06/2014, art.8. Cette disposition devient caduque dans le cas d'une modification du bail (y compris signature d'un nouveau bail).

contraint de vous alerter dès le premier mois d'impayé.

La loi Macron n°2015-990 du 6 août 2015 vous astreint enfin à une publication au BODACC[62] dans les 15 jours de la signature du protocole de cession.

☞ **Le produit de la vente vous sera alors remis dans un délai dix jours* ultérieurs à la parution au BODACC.**

Cette échéance est elle-même augmentée de 3 mois au bénéfice des services fiscaux.

* Durée légale pour la manifestation d'une opposition à la vente pour paiement de créance (dotée ou non de sûreté).

CESSION D'UN FONDS DE COMMERCE
✪ DROITS DE MUTATION

- Tranche < 23 000 euros   0 %
- De 23 000 euros à 200 000 euros   3 %
- > 200 000 euros   5 %

Exemple[63] afférent à une vente s'élevant

---

[62] Bulletin officiel des annonces civiles et commerciales.

[63] Vente hors périmètre de Zone Franche urbaine, de Revitalisation rurale ou Territoire entrepreneur bénéficiant d'un taux réduit.

à 500 000 euros :

- Tranche 1 : 23 000 X 0 %   = 0 euros
- Tranche 2 : 177 000 X 3 %   = 5310 euros
- Tranche 3 : 300 000 euros X 5 % = 15 000 euros

Total = 20 310 euros

Ces droits (fondés sur le prix de cession), sont redevables par l'acquéreur.

3.2.2 Céder les titres de l'exploitation

L'option de céder vos titres reste décisive pour votre acquéreur puisqu'il hérite en ce cas de l'intégralité de vos engagements, lui conférant au passage des éléments plus qu'incertains. Dans cette situation, le repreneur acquiert la complétude de votre structure (actif et passif) :

- votre clientèle,
- vos brevets, franchise, licences, logiciels...
- votre nom commercial,
- le droit au bail,
- le matériel, véhicules, agencement,

Mais également,

- les créances de l'exploitation,
- les dettes,
- le stock,
- la trésorerie,
- certains contrats,
- les salariés...

En conséquence, il demeure une menace financière pour votre repreneur :

- Suites d'un licenciement rebouté aux prudhommes,
- Conséquences d'un contrôle fiscal,
- Dettes sociales, fiscales...
- Difficultés de rachat des comptes courants si un re financement n'a pas été opéré en amont,
- Non-reconduction de prêts en cours (crédit court terme...),
- Tombées de contrats (fournisseurs, partenaires...)...

Votre successeur devient ainsi responsable de la totalité des dettes afférentes à votre société.

Moyennant la mise en œuvre d'une garantie[64] d'actif-passif, les parties peuvent malgré tout établir contractuellement la prise en charge (par le

---

[64] Cf. § 4.3.2.

cessionnaire) des mésaventures constatées par-delà l'acte de cession, et d'origines antérieures.

CESSION D'ACTIONS OU PARTS SOCIALES

✪ DROITS DE MUTATION

✓ Achat d'actions de société : **1%**

✓ Achat de parts sociales : **3 %** après un abattement de **23 000 euros** rapportés aux parts acquises.

Exemple afférent à une vente globale s'élevant à 500 000 euros pour une entrée au capital de 45 % :

- (500 000 euros − (45 % X 23 000 euros)) X 3 % =

Total = 14 689.50 euros

3.2.3   Plus-Values professionnelles

Rappelons en amont que le régime d'imposition des plus-values[65] des sociétés assujetties à l'impôt sur le

---

[65] Terme qui s'applique à tout type de structure (Bénéfices Agricoles, Bénéfices Industriels et Commerciaux, Bénéfices Non Commerciaux, sociétés à l'IR et IS).

revenu (IR) est distinct de celui des structures subordonnées à l'impôt sur les sociétés.

Les plus-values professionnelles sont liées aux exploitations individuelles ou aux sociétés soumises à l'impôt sur le revenu. Les plus-values de valeurs mobilières s'appliquent quant à elles aux structures relevant de l'impôt sur les sociétés (Cf. § 3.2.4.).

Une plus-value se détermine comme l'écart répondant à une perte ou un profit résultant de la cession d'un actif.

☞ **Plus-Values = Prix de vente – (Valeur d'achat – Amortissements)**

L'attribut exceptionnel d'une cession d'exploitation va impliquer une taxation singulière des plus-values du fait de cette situation hors norme (à l'échelle de la vie d'une société). En conséquence et en écho de l'art. 39 duodecies du CGI, la cession d'un actif est frappée par deux régimes inégaux :

- Les plus-values à court terme :
  - Actifs amortissables ou non, cédés moins de 2 années après leurs achats.

- Actifs amortissables cédés au-delà de deux années dans la limite de l'amortissement réalisé.

- Les plus-values à long terme
  - Actifs non amortissables cédés au-delà de deux années après leurs achats.
  - Actifs amortissables cédés au-delà de deux années par-delà les amortissements.

Exemple : vente d'actif pour d'un montant de 130 000 euros dont la détention est supérieure à deux années :

Valeur de départ : 100 000 euros
Montant amorti : 40 000 euros
Plus-value réalisée : 30 000 euros

❖ (130 000 euros – (100 000 - 40 000)) >

Plus-value = 70 000 euros

70 000 euros répartis pour :

- 40 000 euros de plus-values à court terme (limite de l'amortissement)
- 30 000 euros de plus-values à long terme (au-delà du montant des amortissements).

91

S'agissant de la taxation des plus-values professionnelles, 2 fiscalités coexistent.

- Vos plus-values à court terme seront assujetties au barème progressif de l'impôt sur le revenu (IR).
- Vos plus-values à long terme seront imposées au taux de 16% à l'IR auquel s'additionnent les prélèvements sociaux de 15.5%, soit un prélèvement global de 31.5%.

3.2.4 Plus-Values de valeurs mobilières

Comme précédemment indiqué, les plus-values de valeurs mobilières s'appliquent quant à elles aux structures relevant de l'impôt sur les sociétés.

Le mécanisme de calcul se réduit à l'opération suivante :

> **Prix de vente des titres – prix d'achat**
> **= Plus-value réalisée**

Le résultat ainsi déterminé se verra taxé au barème progressif de l'impôt sur le revenu en complément des contributions sociales (CSG : 15.5%)

3.2.5 Régimes de Faveurs – Exonérations

3.2.5.1 Applicables aux plus-values professionnelles

S'agissant des plus-values professionnelles, vous bénéficiez de quatre régimes de faveurs. Il est recommandé lorsque les régimes peuvent se cumuler de les appliquer dans l'ordre suivant :

- Art. 151 Septies B du CGI
    - o Il s'agit d'un abattement pour durée de détention de votre immobilier. Vous profitez d'un **abattement de 10 % pour chaque année de détention par-delà la cinquième** lorsque cela touche des biens immobiliers bâtis ou non bâti affectés à votre exploitation pour sa propre exploitation (ou parts de sociétés constituées de biens immobiliers)

- Art. 151 Septies A du CGI
    - o **Exonération totale en cas de départ en retraite.**
      Conditions : la cession est réalisée à titre onéreux, le cédant cesse toute fonction dans l'exploitation, l'activité doit avoir été exercée pendant au moins cinq ans, le capital ou les droits de vote de la société ou du groupement dont les droits ou parts

sont cédés ne sont pas détenus à hauteur de 25 % ou plus, fait valoir ses droits à la retraite dans les deux années suivant ou précédant la cession.

- Art. 151 Septies du CGI
    - o Les dispositions du présent article s'appliquent aux activités commerciales, industrielles, artisanales, libérales ou agricoles, exercées à titre professionnel. Les plus-values de cession[66] sont, à condition que l'activité ait été exercée pendant au moins cinq ans, **exonérées pour la totalité de leur montant** lorsque **les** recettes annuelles sont inférieures ou égales à **250 000€.**

- Art. 238 Quindecies du CGI
    - o Les plus-values[67] sont **exonérées pour : la totalité de leur montant** lorsque la

---

[66] soumises au régime des articles 39 duodecies à 39 quindecies, à l'exception de celles afférentes aux biens entrant dans le champ d'application du A de l'article 1594-0 G, et réalisées dans le cadre d'une des activités mentionnées au I.

[67] Soumises au régime des articles 39 duodecies à 39 quindecies et réalisées dans le cadre d'une activité commerciale, industrielle, artisanale, libérale ou agricole à l'occasion de la transmission d'une exploitation individuelle ou d'une branche complète d'activité autres que celles mentionnées au V.

valeur des éléments transmis[68] est inférieure ou égale à 300 000 € et d'une partie de leur montant lorsque la valeur est supérieure à **300 000 €** et inférieure à **500 000 €**.

3.2.5.2 Applicables aux plus-values valeurs mobilières

A propos des plus-values mobilières, vous jouissez d'abattements pour durées de détention. Ces régimes ne peuvent se cumuler:

VOUS NE PARTEZ PAS EN RETRAITE

Abattements pour durée de détention:
De 0 à 2 ans: 0 %
De 2 à 8 ans: 50 %
+ de 8 ans: 65 %

---

[68] servant d'assiette aux droits d'enregistrement mentionnés aux <u>articles 719,720</u> ou <u>724</u> ou des éléments similaires utilisés dans le cadre d'une <u>exploitation agricole.</u>

3.3   Vous transmettez à vos enfants

Il s'agit tout d'abord d'un enjeu majeur pour l'exploitation qui doit nécessairement assurer une continuité au profit des salariés et différents partenaires. Par-delà la compétence et la motivation de vos héritiers, vous veillerez à les prémunir de changements trop radicaux, souvent de fois peu prospères au maintien de l'outil professionnel.

3.3.1   Donation avec avance d'hoirie

Dans la supposition où vous souhaitez concéder votre exploitation à un de vos enfants, vous avez la capacité d'opter pour une donation avec avance d'hoirie. Il s'agit d'une somme octroyée à un de vos enfants en amont de sa future part successorale. Au moment de la succession, le montant des titres ou du fonds de commerce précédemment reçu en avance viendra enrichir la masse successorale[69], qui sera ainsi fragmentée selon les droits respectifs de chaque héritier.

IMPORTANT : la somme consentie se verra évaluée le jour de la succession, et non de la donation. Cet état de fait peut engendrer de véritables conflits entre héritiers le jour de l'ouverture de votre succession.

3.3.2 Donation Partage

La donation-partage vous procure la possibilité de faire don de votre vivant de tout ou partie de votre patrimoine, y compris de votre exploitation. Il est permis de céder soit la pleine propriété, soit la nue-propriété[70] (qui concède une fiscalité privilégiée). Nouée devant notaire, la donation devient - à l'instar de l'avance d'hoirie - irrévocable.

✪ 3 AVANTAGES

---

[69] Intégrant en outre la réserve héréditaire.

[70] Un barème fiscal spécifie les droits de donation d'après l'âge du donateur. A votre décès, l'usufruit rejoint mécaniquement la nue-propriété pour ne former qu'un seul et même ensemble au profit de vos héritiers (sans autre forme de droit à payer).

- fixe définitivement les biens cédés à l'ensemble de vos héritiers[71].

- ce partage ne pourra être controversé à votre décès.

- au rebours de la donation avec avance d'hoirie, les biens cédés demeurent évalués au jour de la donation-partage, et non au jour du décès du donateur.

3.3.3 Droits de mutation

En avant-propos, considérez tout d'abord qu'il vous est opposable d'omettre de déclarer toute donation antérieure à titre gratuit et ce, quels que fussent la forme ou le montant[72]. Le calcul des droits de donation de vos titres (ou fonds de commerce) intégrera le montant des dons précédemment réalisés en prenant soin d'ôter tous ceux datés depuis plus de 15 ans.

S'agissant du calcul des droits, ces derniers vont osciller selon votre lien de parenté et la valeur des titres ou FDC cédés. Ils sont communément applicables postérieurement aux abattements en vigueur.

---

[71] Enfants, petits-enfants, frères et sœurs sans héritiers directs…

[72] Article 784 du code général des impôts.

Taux applicables aux donations		
Héritiers (ascendants, descendants), Epoux & Partenaires de PACS	< 8072 €	5 %
	De 8072 à 15 932 €	10 %
	De 15 932 à 31 865 €	15 %
	De 31 865 à 552 324 €	20 %
	De 552 324 à 902 838 €	30 %
	De 902 838 à 1 805 677 €	40 %
	> A 1 805 677 €	45 %
Frères & Sœurs	< 24 430 €	35 %
	>24 430 €	45 %
Autres (jusqu'au 4ᵉ degré inclus)	7967	55 %

3.3.4   Abattements – Pacte d'associés (Dutreil)

En cédant gracieusement tout ou partie de votre société, vous allez bénéficier de certains abattements qui comme stipulé précédemment, demeurent renouvelables tous les 15 ans.

Ces derniers diffèreront selon le lien qui vous unit au donataire.

Abattements applicables aux donations au 01.01.17	
Donataire	Abattement
Salariés[73]	300 000 €
Ascendants ou Descendants	100 000 €
Epoux & Partenaire d'un PACS	80 724 €
Petits-enfants	31 865 €
Arrières petits-enfants	5310 €
Frères & Sœurs	15 932 €
Neveux et Nièces	7967 €
Autres	1594 €

Afin d'adoucir la cession d'exploitation familiale, une autre disposition particulièrement avantageuse vous est offerte sous certaines conditions. Qu'elle soit en pleine propriété ou en usufruit, votre future donation peut en effet jouir d'un **abattement non plafonné de 75** % de la base taxable. Cette disposition dite **« Pacte DUTREIL »** touche :

- Tout actif alloué à l'exploitation
- Toutes action[74] ou part de société, que ces dernières relèvent de l'impôt sur les sociétés ou de l'impôt sur le revenu.

---

[73] Activité à conserver 5 années minimum au profit de salariés bénéficiant de deux années d'ancienneté minimum et de contrat à durée indéterminé.

[74] Un régime similaire existe au profit des exploitations individuelles.

Modalités[75] requises :

- Engagement collectif de conservation des parts[76] pour votre donataire et vous-même de 2 années pour 34 % des droits de vote et des droits financiers (20 % pour les sociétés cotées).
- Engagement individuel de conservation des parts durant 4 années au-delà de l'engagement collectif de 24 mois.
- Endosser[77] une fonction de direction durant les 3 années suivant l'engagement collectif.

---

[75] Art. 787 B du CGI.

[76] Sur tout ou une seule partie des titres.

[77] Héritier ou légataire.

PACTE DUTREIL

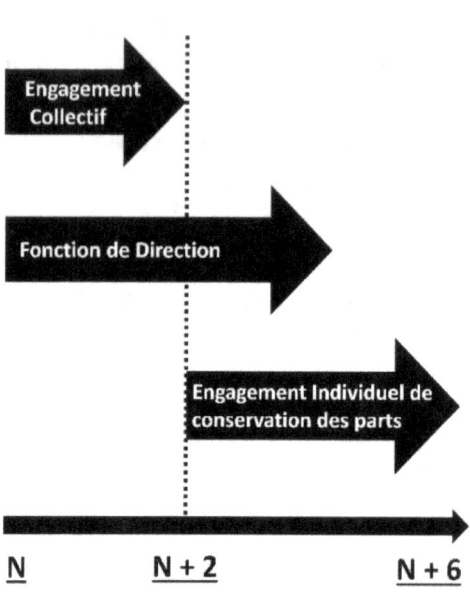

L'engagement collectif de conservation des parts de 2 années doit être en cours le jour du closing. En conséquence, la signature de ce pacte d'associés interviendra idéalement 24 mois en amont de la transmission effective.

S'agissant de ce point, l'administration fiscale concède qu'il soit (sans aucune autre forme de mesure), réputé acquis[78] sous réserve de deux conditions :

- que vous exerciez depuis plus de 2 années votre activité agricole au sein de ladite exploitation,
- que vous soyez détenteur du minimum de parts ou actions requis.

☞ **Sous réserve des 3 conditions suivantes :**

- **être âgé de moins de 70 ans**
- **céder votre société en pleine propriété**
- **et uniquement en donation,**

il peut vous être octroyé une réfaction de 50 % des droits de donation après abattement et barème applicable.

En allégeant les coûts de transmission des exploitations familiales, ce régime d'exception instauré en 2003 assure la pérennité de notre tissu économique national.

---

[78] Y compris dans la situation d'un décès prématuré de l'exploitant: L'engagement collectif de conservation n'ayant pas été préalablement instauré peut encore être prodigué dans un délai de 6 mois après la disparition (entre héritiers ou autres légataires).

<u>Etude de cas :</u> M. et Mme BOUCHET souhaitent céder les parts de l'EARL familiale d'une valeur de 4 000 000 euros à leurs quatre enfants (détenue à 50% pour madame et 50% pour monsieur). Ils s'interrogent sur l'utilité de rédiger un pacte d'associés loi Dutreil :

	SANS PACTE DUTREIL	**AVEC PACTE DUTREIL**
Montant transmis	4 000 000,00 €	4 000 000,00 €
Montant transmis par parent (la moitié)	2 000 000,00 €	2 000 000,00 €
Montant transmis à chaque enfant	500 000,00 €	500 000,00 €
Base Taxable	500 000,00 €	125 000,00 €
Abattement pour donation par enfant	100 000,00 €	100 000,00 €
Assiette taxable	400 000,00 €	25 000,00 €
Droits de donation	Environ 78 000,00 €	Environ 3 000,00 €
IMPOSITION GLOBALE POUR LES DEUX PARENTS ET LES QUATRE ENFANTS	**312 000,00 €**	**12 000,00 €**

N-1 FORMALISER

4.1   La lettre d'intention

Afin d'exclure toute perte de temps inutile aux dépens des deux parties, il est d'usage que le repreneur vous soumette un pré engagement mutuel communément nommée, lettre d'intention. Celle-ci marque son intérêt en ce qu'elle valide les dispositions de chacun :

- Engagement de céder pour le cessionnaire,
- Promesse d'acquisition pour l'acheteur.

Ce document ordinairement composé de quelques pages synthétisera le résultat de vos échanges et contractualisera vos obligations mutuelles.

Dans la mesure où ce document ne peut être défait sauf à s'acquitter de pénalités et/ou indemnisations, les dépenses d'études utiles au bon aboutissement du closing pourront sereinement être engagées[79].
Il est coutumier d'y faire figurer les éléments suivants :

- l'échéancier de l'opération de cession,

---

[79] Notamment les Dues diligences.

- les modalités de la GAP[80],
- les montants de cessions et particularités de paiement[81],
- les conditions suspensives,
- la date prévisionnelle du closing,
- les éléments d'acquisitions (FDC, titres, actifs...),
- le quitus d'autres associés le cas échéant,
- la durée de validité de l'offre d'achat.

4.2 Les Dues Diligences du repreneur

A l'instar de votre pré audit de cession, les dues diligences[82] se décrivent comme un audit d'acquisition opéré par le repreneur dans l'objectif de circonscrire les risques potentiellement inhérents à la reprise de votre société. Ils se déroulent communément en aval de la lettre d'intention une fois les deux parties pleinement engagées. Il s'agit d'inspecter l'ensemble des éléments transmis par le cédant (audit financier, social, fiscal etc.). Une fois les considérations émises par le cabinet d'audit, votre repreneur pourra :

- soit, entériner en l'état les différents éléments notifiés au sein de la lettre d'intention,

---

[80] Cf. § 4.3.2.

[81] Clause d'Earn Out par exemple.

[82] Obligatoires dans les pays anglo-saxon.

- soit, amender peu ou prou une partie des engagements mutuels (montant de la GAP…),
- le cas échéant resserrer son offre initiale d'achat en cas de mise en exergue de contentieux décisifs.

L'acquisition reste un sujet épineux en raison d'une multitude de paramètres et d'intervenants, chaque point appelant contrôle et discussion.

Qu'il s'agisse du repreneur ou du cédant, cette étape demeure capital, et couteuse.

4.3 Rédiger votre protocole de cession

4.3.1 Modalités et contenu

Fréquemment composé par l'acquéreur, le protocole de cession réunit l'ensemble des conditions et éléments de tractations. Il est la suite aboutie de la lettre d'intention puisque décrivant :

- La désignation des parties,
- Les éléments énoncés dans la lettre d'intention (amendés le cas échéant suite aux dues diligences),
- La prévision d'amendement des statuts conséquence de la cession des titres,

- Les détails du montage financier d'acquisition (holding, financement, apport, dette mezzanine, dette senior, obligations convertibles etc.),
- Les clauses additionnelles,
  - Earn-Out[83],
  - Crédit vendeur…
- Les clauses suspensives,
- Divers documents,
  - Bilans,
  - Comptes de résultats,
  - Liasses fiscales,
  - Autres documents comptables,
  - Contrats de travail,
  - K-bis,
  - Baux emphytéotiques,
  - Bulletins de salaires,
  - Garantie d'actif passif (GAP),
  - Les résultats des dues diligences…

Bien que ne revêtant aucun formalise requis, la bonne rédaction de ce protocole reste décisive et doit être appréhendée avec attention ; l'attention prise dans son sens le plus étendu de sorte à ce qu'il

---

[83] Cf. § 4.3.2.

n'engendre aucun préjudice ni pour le repreneur, ni pour vous-même.

4.3.2 La clause d'Earn Out

La clause d'Earn-Out concède au cédant la possibilité de recouvrer un complément de prix de vente additionnel si des conditions de performances précédemment déterminées dans le protocole de cession ou au sein de l'acte de vente sont atteintes par-delà le closing.

Cette disposition renferme tout son sens en ce qu'elle combine les intérêts du cédant et ceux de l'acquéreur.

Le prix de vente[84] initial peut ainsi être resserré puisque conditionnant un retour de liquidités au vendeur si des objectifs mutuellement prédéfinis sont atteints à une date donnée.

---

[84] Sous peine de nullité de la vente (cf. art.1591 du code civil), le prix de cession initial devra contenir le montant exact de la clause d'Earn-Out si celle-ci devait être activée.

CLAUSE D'EARN-OUT

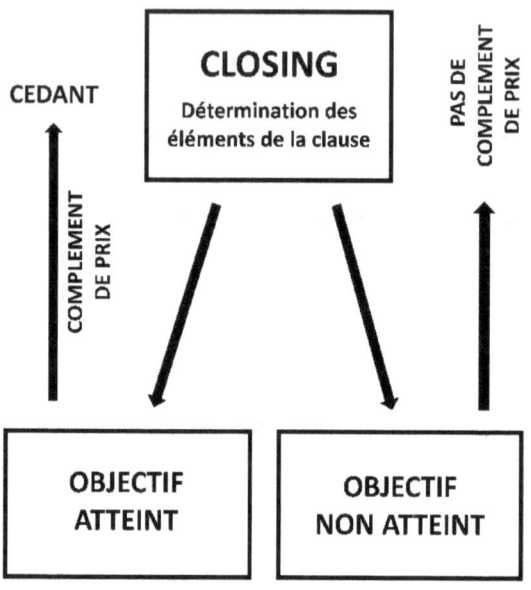

Souvent de fois, elle est conditionnée par une période de transition au sein de laquelle le cédant assure un passage de relais sur une période déterminée (de quelques mois à 1 année en général[85]).

Les éléments servant de référence restent communément les résultats comptables et financiers

---

[85] Cf. en outre l'art. L.129-1 du code du commerce : prime de 1000.00 euros non imposables au profit du cédant dans le cadre de la « convention de tutorat ».

mais peuvent parfois relever de signatures de contrats commerciaux par exemple.

Nonobstant tout l'intérêt de ce type de convention, l'abondance des jurisprudences statuant sur des désaccords vous invitent à considérer cette opportunité avec une certaine retenue.

4.3.3 La GAP

La garantie d'actif passif[86] est un des éléments du protocole de cession. Elle borne les dommages et pertes pour lesquelles vous vous obligez vis-à-vis de l'acheteur, conséquence de dettes potentielles antérieures qui subviendraient au-delà du closing.

Rappelons que cette garantie n'a d'existence que dans le cas où vous cédez vos titres puisque dans ce cas de figure, l'acquéreur recueille l'intégralité de vos dettes passées.

☞ Au carrefour des domaines comptable, fiscal, social et juridique, sa rédaction demeure un exercice périlleux en ce que son déclenchement appelle des éléments de rédaction clairs, définis et détaillés.

---

[86] Se conférer à la définition de l'art. 150-0 D-14 du CGI.

D'ordinaire, elle atteste :

- De la conformité des baux fonciers,
- De la bonne propriété des titres cédés,
- De l'absence de différend en cours,
- De la non-cessation de paiement, dépôt de bilan ou redressement judiciaire,
- Du non-nantissement des titres vendus,
- De l'absence de clause modifiant structurellement tout contrat, disposition ou arrangement en cas de liquidation de titre…,

Elle précise ensuite à minima :

- Les conditions de couverture de la garantie,
- La durée de validité,
- L'élection de domicile,
- Le cas échéant un seuil de déclenchement,
- Le montant plafond de prise en charge[87],
- Les délais requis de prévenance,
- Les modalités de déclenchement,
- Les contrats d'achats/ventes en cours…

Les litiges les plus répandus :

- Valorisation de votre exploitation,
- Engagements pris auprès de tiers,

---

[87] Généralement de 10 à 30 % du montant de la cession.

- Facteurs d'indemnisations,
- Estimation du stock,
- Méthode comptable,
- Problèmes techniques...

4.3.4   La Garantie de la GAP

Afin de s'assurer du paiement des sommes dues, votre repreneur va requérir une contre-garantie. Il s'agit de confirmer votre propension à l'indemniser si d'aventure la GAP devait être actionnée.

Il existe plusieurs alternatives :

- Le nantissement de contrats d'assurance vie, de compte à terme ou d'un compte titres que vous abonderez du montant de votre engagement plafond. Les fonds ainsi déposés serviront à indemniser l'acheteur en cas d'un différend avéré.
- Contre rémunération ou immobilisation d'actif, les banques peuvent de leurs côtés :
  - Se porter fort de votre solvabilité dans la limite des conditions énumérées au sein de votre GAP,
  - Ou contractualiser une garantie dite « à première demande ». L'institution financière s'engage dans ce cas à dédommager l'acquéreur à la simple demande du cessionnaire.

- Votre seule caution personnelle (peu de valeur vis-à-vis du repreneur),
- La mise sous séquestre d'une partie du prix de vente,
- l'usage le cas échéant de la clause d'Earn-Out qui subordonne le paiement d'une partie du prix de cession à une date donnée selon un objectif de performance de l'exploitation,
- le cas échéant la mobilisation du crédit vendeur dont le remboursement du prix de cession ou des comptes courants d'associés font l'objet d'un paiement différé.

5 Conclusion

Vous l'aurez compris, il n'est pas rare qu'une piètre anticipation remette en cause la pérennité même de votre exploitation. Il est en conséquence essentiel de se prémunir des écueils dus à une mauvaise préparation en menant de front le développement de votre structure, et la mise en œuvre d'un plan de cession.

Une fois votre réflexion personnelle menée (projet et train de vie futur), un expert en transmissions de grandes exploitations saura vous guider sur les montages juridiques et fiscaux, dans le recensement de vos actifs ainsi que sur les pistes d'optimisation fiscale. De cette bonne application s'ensuivra un prix de cession optimisé.

Les données de marchés démontrent qu'un nombre non négligeable de reprises se soldent par un dépôt de bilan au cours des cinq années suivant le closing. En préparant prématurément votre transmission, vous acquerrez sérénité tout en multipliant les chances de votre repreneur. Dans le cas inverse, vous vous exposez à des impacts financiers lourds voire à des risques juridiques et fiscaux.

Cette préparation demeure fondamentale, consacrez-y du temps.

ESTIMER ET VENDRE SON EXPLOITATION
Et si vous saviez déjà tout !

6 ANNEXES

6.1 Vos 8 ratios clefs

LIBELLÉS	FORMULES
☐ Endettement	☐ MTLT/ KP
☐ Autonomie Financière	☐ Passif / KP
☐ Couverture de la dette	☐ Cash Flows / Annuités
☐ Couverture Frais Financiers	☐ EDITDA / Frais Financiers
☐ Délais de Remboursement	☐ LT / CAF
☐ Liquidité générale	☐ Actif circulant / Dettes CT
☐ Trésorerie à échéance	☐ Actif circulant hors stock / Dettes CT
☐ Trésorerie Immédiate	☐ Disponibilités/ Dettes CT

KP : Capitaux Propres

CAF : Capacité d'Autofinancement

CT : Court Terme

EDITDA : Excédent Brut d'Exploitation

Cash-Flows : Cf. § 2.3.3.

6.2 Acronymes utilisés

Abrégés	
AGO	Assemblée Générale Ordinaire
BA	Bénéfice Agricole
BFR	Besoin en Fonds de Roulement
BPI	Banque Publique d'Investissement
CA	Chiffre d'Affaires
CAF	Capacité d'Autofinancement
CF	Cash-Flows (flux de trésorerie)
CT	Court Terme
CATTC	Chiffre d'Affaires Toutes Taxes Comprises
CCA	Comptes Courants d'Associés
CGA	Centre de Gestion Agrée
CGI	Code Général des Impôts
CSG	Contributions Sociales Généralisées
EARL	Exploitation Agricole à Responsabilité Limitée
EBE	Excédent Brut d'Exploitation
EBIT	Earnings Before Interest and Taxes
EBITDA	Earnings Before Interest and Taxes Dépréciation et Amortization
EI	Exploitation Individuelle
ETA	Entreprise de Travaux Agricole
FDC	Fonds de Commerce
GAEC	Groupement Agricole d'Exploitation en Commun
GAP	Garantie d'Actif Passif
GFA	Groupement Foncier Agricole
GFV	Groupement Foncier Viticole
HT	Hors Taxes

IR	Impôt sur le Revenu
IS	Impôt sur les Sociétés
KP	Capitaux Propres
LBO	Leverage Buy Out
LT	Long Terme
MTLT	dettes Moyen Terme et Long Terme
OBO	Owner Buy Out
OBSA	Obligation à Bon de Souscription d'Action
OC	Obligation Convertible
PEA	Plan d'Epargne en Actions
PFL	Prélèvement Libératoire Forfaitaire
SA	Société Anonyme
SARL	Société A Responsabilité Limitée
SAS	Société par Actions Simplifiées
SCEA	Société Civile d'Exploitation Agricole
SCI	Société Civile Immobilière
SCL	Société Civile Laitière
SICAV	Société d'Investissement à Capital Variable
SIREN	Système d'Information pour le Répertoire des Exploitations et de leurs établissements
TB	Total Bilan
TPE	Très Petite Exploitation
TTC	Toutes Taxes Comprises
VAN	Valeur Actualisée Nette

✪

6.3 Référentiel

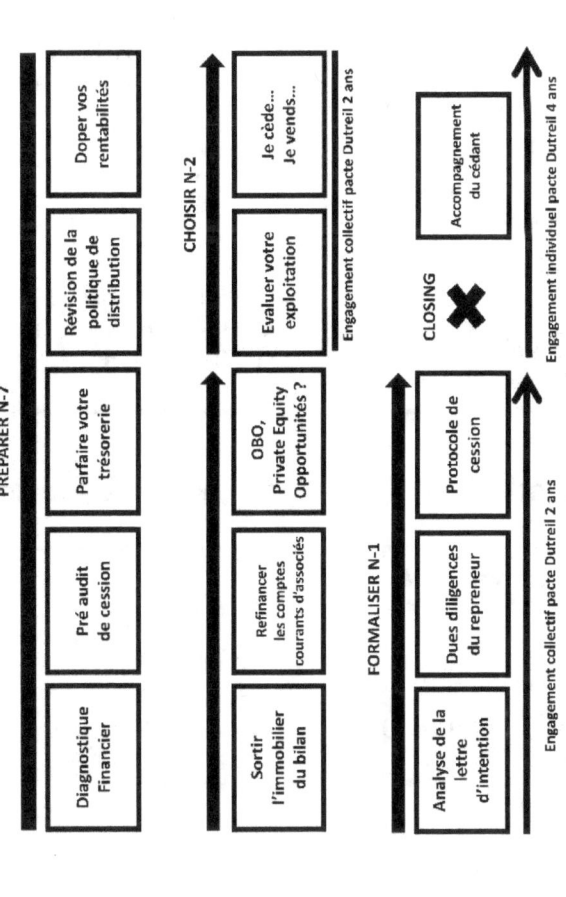

PREPARER N-7

| Diagnostique Financier | Pré audit de cession | Parfaire votre trésorerie | Révision de la politique de distribution | Doper vos rentabilités |

CHOISIR N-2

| Sortir l'immobilier du bilan | Refinancer les comptes courants d'associés | OBO, Private Equity Opportunités ? | Evaluer votre exploitation | Je cède.... Je vends.... |

Engagement collectif pacte Dutreil 2 ans

FORMALISER N-1

| Analyse de la lettre d'intention | Dues diligences du repreneur | Protocole de cession |

Engagement collectif pacte Dutreil 2 ans

CLOSING ✖

| Accompagnement du cédant |

Engagement individuel pacte Dutreil 4 ans

IMPORTANT N - 4 >> Déclaration d'Intention de Cessation d'Activité Agricole – MSA.

J – 6 mois >> Demande de retraite à la MSA.

UNITE DE PRODUCTION

- Surfer sur de nouvelles stratégies
- Minimiser les coûts de production
- Augmenter la valeur ajoutée
- Faire reconnaître le travail

MOYENS DE PRODUCTION

- Optimiser la mécanisation
- Réduire les impôts et la MSA
- S'adapter aux évolutions technologiques

PATRIMOINE

- Conserver une unité patrimoniale
- Développer le patrimoine - Investir
- Assurer – compléter la retraite
- Faciliter la transmission

COMMERCIALISATION

- Mieux vendre
- S'imposer sur le marché
- Lancer une marque
- Contenir les impôts et la MSA

DIFFERENTS MONTAGES RENCONTRÉS

UNITE DE PRODUCTION

EARL
GAEC
SCEA

MOYENS DE PRODUCTION

ETA
SARL
SNC

PATRIMOINE

GFA
GFV
SCI

COMMERCIALISATION

SA
SARL
SAS

DIFFERENTS MONTAGES RENCONTRÉS

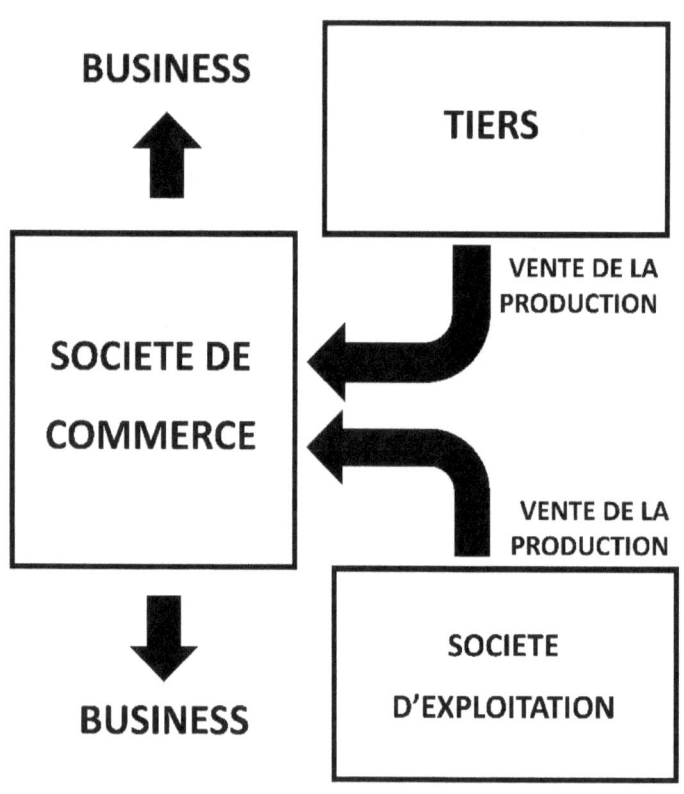

DIFFERENTS MONTAGES RENCONTRÉS

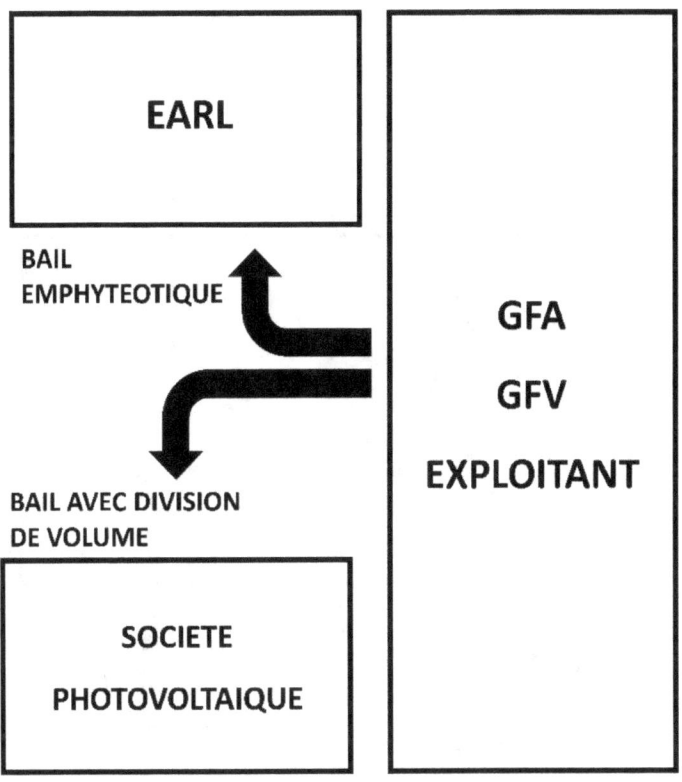

DIFFERENTS MONTAGES RENCONTRÉS

EXPLOITANT A

FOURRAGE

PRODUCTION

LAITIERE

SLC

Société Civile

Laitière

EXPLOITANT B

BAIL RURAL

PRODUCTION

LAITIERE

DIFFERENTS MONTAGES RENCONTRÉS

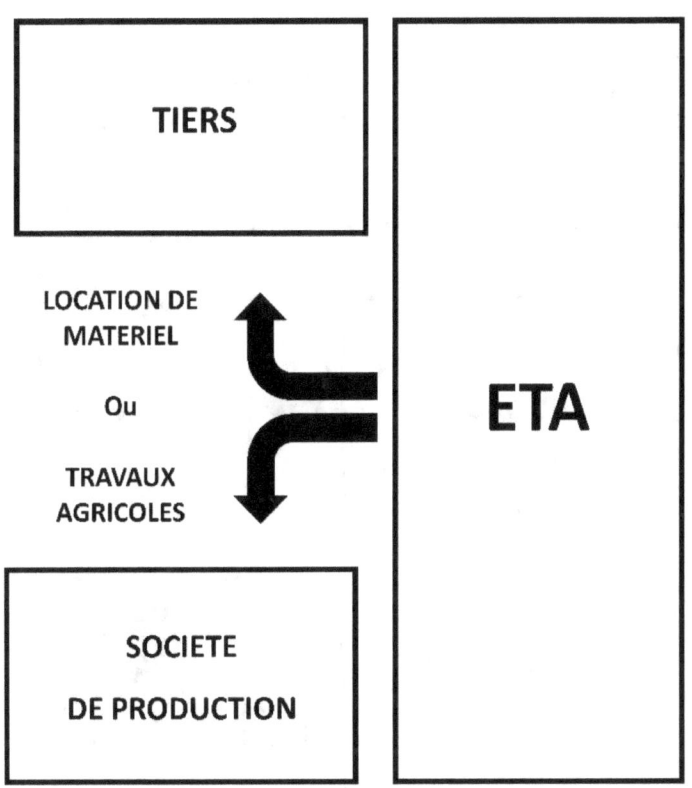

TIERS

LOCATION DE
MATERIEL

Ou

TRAVAUX
AGRICOLES

ETA

SOCIETE

DE PRODUCTION

DIFFERENTS MONTAGES RENCONTRÉS

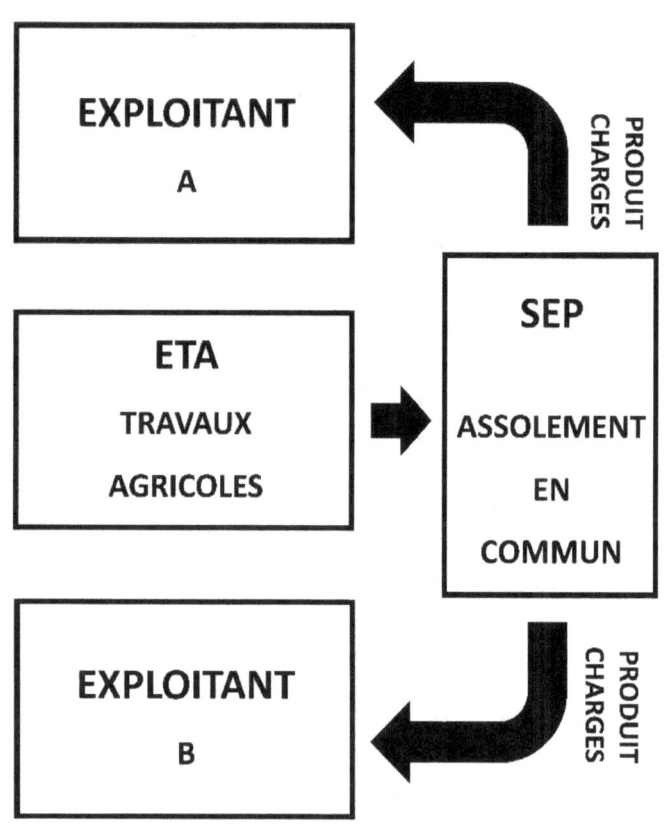

La Fin d'un Secret ?

Jean-Jacques SEROUL de VALS

Et si **BOURSE** Vous saviez déjà TOUT !

Dans l'arrière-pays
Icaunais …

Mes notes :

Dépôt légal : Mars 2018

www.ingramcontent.com/pod-product-compliance
Lightning Source LLC
Chambersburg PA
CBHW071317220526
45468CB00001B/412